THE ELEARNING DESIGNER'S HANDBOOK

オンデマンド・ラーニング

TIM SLADE　　MIHO ADACHI

ティム・スレイド 著　　足立美穂 訳

オンライン学習時代の**e**ラーニング・デザイン

日本能率協会マネジメントセンター

「この本はeラーニングの初心者にとって、素晴らしい入門書です。インストラクショナルデザインの基礎、eラーニングを発展させるためのツール、さらに、上級者向けのトピック、ニーズ分析やプロトタイピング、評価まで理解を深めることができます。コースをつくる際に考慮する必要があるすべてのことを丁寧に教えてくれます。すでに経験が豊かなラーニングデザイナーにとっては、毎日取り組むべきことを、あらためて正しく理解させてくれるガイドブックです」

カーラ・トーガソン、ブルシティラーニング／インストラクショナルデザイン・ディレクター

「この本、そしてこの本に掲載されているフォーマットによって、メンターの素晴らしい仕事ぶりを近くで学ぶような経験を手に入れることができます。eラーニングデザインを発展させるプロセスを、どのように進めていけばいいのかについての考え方と方法を、著者はシェアしてくれています。「わかった！　わかった！　そうか!」と、得られた知識によって、スタートを切り、進むことができます。この本は、はじめてのeラーニングのプロジェクトをサポートするだけのものではなく、すべてのステップを正しく進めるための手助けをしてくれるものです」

ビアンカ・ウッズ、ラーニングギルド／プログラミング・シニアマネージャー

「あなたがeラーニングの初心者であれば、この本から圧倒的な量の知識が得られるでしょう。この本では、インストラクショナルデザインの理論、考え方、効果的なeラーニングの制作に役立つモデルなどを提供しています。著者は、これまでの豊富な経験をとおして得てきた知見をもとに、あなたがeラーニングデザイナー（または開発者）としての素晴らしいキャリアをスタートするためのプランを示してくれます」

ケビン・トーン、ナゲットヘッドスタジオ／CLEO（チーフラーニングエグゼクティブオフィサー）

「この本はわかりやすい説明とビジュアルによるガイドブックです。あなたがもしeラーニングに突然関わることになったのなら、これはあなたのためにつくられた本だと言っても良いでしょう。eラーニングの設計や開発プロセスについて、すべてのあり得る質問に対する答えが、本書をとおして手に入るでしょう。さあ、素晴らしいチャンスを探求する準備はできましたか?　著者のeラーニングのキャリアを聞き、彼と語り合いながら、あなた自身の考え、経験、計画を書き留めながら読み進めましょう」

プージャ・ジャイシン博士、アドビ／リード・eラーニング・エバンジェリスト

オンデマンド・ラーニングを開発する立場になる
ことを夢見ていたわけではなくても、この仕事に
めぐり合い、前向きに取り組んでいるみなさんに
この本を捧げます。

訳者まえがき

「いきなり担当になったが、何から手をつけたら良いのかわからない……」
「オンデマンド教材の開発について相談しようと思い当たる会社に連絡をとってみたら、営業の人が説明してくれた。でも、何を言っているのかわからなかった」
「『これを読んでみたら』と勧められた本を読んでみたけれど、難しくて挫折した」
「オンデマンド（非同期）のコンテンツをつくってみた。でも、もっと工夫できそうな気がする」
「動画のライブラリーを利用しているが、評判が良くない。なんとかしたいとは思うけれど、どこから手をつけたら良いのかわからない……」

　一人で、そしてマイペースで学習ができるスタイルの学習方法は、古くから存在しています。
　「通信教育のテキストでがんばって学習した!」という経験をおもちの方もいらっしゃるのではないでしょうか。
　そして、「テキストだけではわかりにくい」という観点から解説動画が生まれ、その動画をビデオやDVDによって利用する時代が到来し、その後、インターネット回線によってどこでも手軽に学習できるようになりました。こうして、「テキストで学ぶ」世代から、「パソコンの前で学ぶ」世代を経て、そして「スマートフォンやタブレットでも学ぶことができる」というように、私たちの学習を取り巻く環境、そして学習方法・学習スタイルは大きく変化しています。

　変化しているのは、学ぶ側だけではありません。
　学習を提供する側にとっても、大きな変化が起きています。
　たとえば、eラーニングは、「専門家に発注しないとなかなかつくることができない」というイメージが強いかもしれません。しかし今では、ご自身（企業、学校、個人）でコンテンツを制作したり、

ライブラリーを構築したりすることが可能な時代になっています。

　また、コンテンツの中身も変化しています。
　「講師が話している動画」＝「e ラーニング」という認識を、多くの方がおもちかもしれません。しかし、現在ではさまざまな種類のコンテンツの制作が可能になっています。
　動画から一歩進化して、「講師が話している動画＋クイズ」＝「e ラーニング」と思い浮かべる人もいるかもしれません。確かに「クイズ」は学習者の反応を確認したり、双方向なやりとりを取り入れたりする重要な手段ですが、今では、他にもさまざまなインタラクション（双方向の機能）を盛り込むことが可能となっています。

　このように時代は変化しているものの、オンデマンド（非同期型）の学習コンテンツの提供に必要なベーシックな知識をわかりやすく学ぶことのできる書籍は、多くありません。少し前の時代のものであったり、専門的すぎたりして、今、現場で困っている方の悩みの解決につながらないものが多いように思います。
　しかし、本書（原著タイトル The ELEARNING DESIGNER'S HANDBOOK）は、e ラーニングにはじめて関わる人がスムーズに読み進められるよう、著者の経験をもとに、とてもわかりやすくまとめられています。

　本書が対象とするのは、次のような方々です。

・組織の非同期型（オンデマンド）コンテンツのブラッシュアップを行うことになった責任者
・集合型で提供していた研修（授業）をブレンディッド・ラーニングへ転換しようとする講師
・利用中の e ラーニングのコース、ライブラリーを見直そうとする担当者
・オンデマンドのコンテンツ制作に携わる初心者
・コース構築の発注者、受注者

　本書の著者であるティム・スレイド氏は、e ラーニング・デザイナーを読者と想定しています。しかし、この書籍は、e ラーニングの専門家を目指す方だけではなく、発注する立場の方、発注

される立場の方、制作に取り組む方、制作に協力する方、オンデマンドのコンテンツ管理に携わる方、すべての方が活用できる入門書になっています。

　急を要する方は目次を参照して必要なページから、じっくり取り組むことが可能な方は、まずChapter1 から、時折、自分の考えやアイデアをメモしながら読み進めてください。

　また、チームとしてオンデマンド・ラーニングの構築・制作に取り組む場合には、チームのメンバー全員がこの書籍の内容を理解することで、ディスカッションや調整がスムーズになるでしょう。

　ここで、本書の著者であるティム・スレイド氏について少し触れておきたいと思います。

　彼自身の歩んだ道のりは、この書籍の冒頭で語られています。接客の現場からキャリアをスタートしている彼の道のりは、突然教育に携わることになって不安になっている方を勇気づけるものであり、また、「e ラーニングは特別な人のものではない」というメッセージが込められているように思います。
　彼がつくるオンデマンド・ラーニングのコンテンツは、とても魅力的であり、効果的かつ効率的な内容です（彼の YouTube や Web サイトで一部を見ることができます）。実際に、多くの企業が、彼にコンテンツ制作を相談しています。また、彼がカンファレンスで登壇すると、その内容とわかりやすいレクチャーに多くの人が集まり、親しみやすい人柄が多くの参加者を惹きつけます。世界的に人気の高いプレゼンターの一人です。

　私が最初にティムのセッションを目にしたのは、ある録画です。
　予定されたプレゼンターが担当できなくなったセッションにピンチヒッターとして登壇し、期待していたプレゼンターが登壇しないことに動揺していた参加者に対して、その動揺と落胆を汲み取った声かけからセッションをスタートしました。そして、セッションが終わる頃にはそのプレゼンテーションの素晴らしさと充実した内容に大きな拍手が起こり、終了後は多くの人がティムと話そうと列をつくっていました。

私はその後、彼の Twitter をフォローし、彼の書籍の第2版（本書の英語版）が出版されることを知りました。

　私自身、オンデマンド・ラーニングの開発・制作の道を、これまで手探りで歩んできました。全体像がつかめず苦労したこと、説明に困り果ててしまった場面などが、思い出されます。本が届き、「何かヒントがつかめるのでは」という期待で読み進め、最後のページに届く頃には、読み始める前に抱いていた期待以上のものを得ることができていました。

「もっとはやくこの本と出会えていたら……!」

　読後に抱いたこの気持ちが、日本語版を出版する道のりのスタートラインでした。

　この度、日本語版をみなさまにお届けできる機会に携われたことを、とても光栄に、そして嬉しく思います。

　オンデマンド・ラーニングをスタートしようとする時、困った時、混乱した時に、本書をご活用いただけたら幸いです。

2021 年 6 月　足立美穂

目次

目次

私のこれまでの道のり

私のキャリアのスタートライン

　私は今まで、e ラーニングの専門家として、または教育のプロフェッショナルとして、自分自身のことを捉えたことはありませんでした。私は過去 10 年間、e ラーニングの分野で働いてきましたが、それでも業界としては、比較的キャリアが浅いと感じています。これは、私が e ラーニングの世界にたどり着いたプロセスに関係しているかもしれません。

　私の e ラーニングのキャリアは、高校を卒業して数年後、小売業で働いていたときに始まりました。

　私の故郷であるアリゾナ州プレスコットに新しいショッピングモールがオープンしたのです。このモールは、20 代の若者たちが仕事を見つけるのに最適な場所でした。
　私はすぐに雇われ、紳士服部門で働き始めました。
　数ヶ月の販売の業務を経験した後に、私はロスプリベンション（万引き防止）チームに参加することになりました。
　当時、ロスプリベンションとは何なのかよくわからなかったのですが、私は売り場を降りる機会に飛びついたのです。そして私の日常は、自分の販売ノルマを達成する毎日から、万引き犯を捕まえる毎日に変わりました。

　私の仕事はとてもシンプルでした。小さなオフィスに座って、カメラを見て、万引き犯を捕まえるというものです。「ロスプリベンション（損失を防ぐ）」という表現が気に入っていましたし、万引きを防ぐことが得意で、とても楽しかったので、私はこの仕事を退屈だと感じたことはありませんでした。

私が e ラーニングの世界に飛び込んだきっかけ

　私はその後6年間、いくつか職場を移りましたが、万引き防止の仕事を続けました。最終的に、私は、Kohl デパートでの万引き防止のスーパーバイザーになりました。当時は認識していませんでしたが、ここで私のキャリアは劇的に変化することになるのです。

　私は、ウィスコンシンのミルウォーキーにある Kohl のコーポレート部門の万引き防止チームでの仕事のオファーを受け取りました。その時、私はこの機会をこう捉えていました――販売職から事務職への転換、万引き防止のキャリアがより色濃くなり、本社社員としてのキャリアの道のりを進んでいる。この時、私は刑法の学位も取得していました。

私は最初から e ラーニングのデザイナーを目指したわけではない

　しかし、新しい仕事の最初の1年で、すべてが変わりました。
　私は、万引き防止に関する新入社員向けの導入研修プログラム開発を支援し、万引き犯を捕まえる方法に関する e ラーニングコースを一人で作成しました。
　最初は e ラーニングオーサリングツール（Articulate Studio '09）といくつかのグラフィックデザインツールの使用方法を学びました。それと同時に、プレゼンテーションデザインとビジュアルコミュニケーションについて、自分に備わっていた才能を知ることになりました。

　Kohl での最初の e ラーニングの仕事が落ち着いた後、私は「万引き防止の人」とはみなされなくなっていることに気づきました。
　私はその時、「画面上で物事をきれいに見せることができる人」になっていたのです。
　ロスプリベンション部門で働いていましたが、万引き防止はもはや私の職務ではなく、1つの「テーマ」に過ぎなくなり、「e ラーニング」と「グラフィックデザイン」が私の職務になっていました。

これが私
です！

2009 年／ Kohl の店舗にて、万引きシーンの撮影で俳優と撮影クルーと一緒に。
これが私の最初の e ラーニングプロジェクトだった。

あなたの道のりは私の道のりと似ていませんか？

　私が、もはや万引き防止の専門家ではなく、e ラーニング（オンデマンド・ラーニング）の専門家であることに気づいた後、他の人たちも私と同じような道のりをたどっていると気づくまでに、何年もかかりました。数え切れないほどの会議に出席し、何百人ものプロフェッショナルと交流した後、ほとんどの人が私と同じような「学習コンテンツの専門家になる」というキャリア・アイデンティティの危機に直面していたことに気づいたのです。

　あなたの道のりが私のようなものだったとしたら、あなたのキャリアは、まず現場での経験からスタートしていることでしょう。

　これはつまり、まったく異なるキャリアから、今後、学習コンテンツの専門家として活躍することになる可能性が大いにあるということです。

この本は誰のためのものか

なぜこの本を書いたのか──それは、私にはあなたの置かれた状況を理解できるからです。

どんな意味があるのかを少しも理解せずに、学習コンテンツをデザインするという課題に直面することがどのようなものかを、私は経験しています。

この本は、学習コンテンツを制作し、構築・管理するためのステップについてガイドが必要な人を対象としています。

そして、ストーリーボードやプロトタイプ、SME、ステークホルダー……これらすべての違いを理解するのに役立つように作成しています[*訳注]。

この本が学習コンテンツの作成に取り組むあなたの旅の役に立てることを願っていますが、学習コンテンツの作成やインストラクショナルデザインのすべてが書かれているわけではありません。

スキルを伸ばすときは、この 1 冊だけではなく、さまざまなリソースから知識を広げるようにしてください。

＊訳注
ストーリーボード：映像コンテンツの設計図にあたるもの。イラストや図（時には写真）が使われることが多い（chapter 6 参照）。
プロトタイプ：コースサンプルの試作品。完成に至るまでに作成した、関係者が確認するための見本のようなもの。必要に応じた内容・品質で作成する（chapter7 参照）。
SME：Subject Matter Expert（その分野の専門家、協力者）。コンテンツ制作に取り組む時に、詳しい知識がなかったり、現場のことをよく知らない場合に、情報提供をしてもらったり、コンテンツを確認してもらったりする人（chapter4 参照）。
ステークホルダー：利害関係者。この書籍では発注者を意図していることが多い（chapter4 参照）。

What Do You Think?

教育の世界（特にコンテンツ作成）に入る前に、どんな経験、キャリアを積んできましたか?

_____

_____

_____

キャリアを教育の世界（特にコンテンツ作成）に転換したいと思ったのはいつですか?

_____

_____

_____

最初にどのような苦労に直面しましたか（または現在、どんな苦労に直面していますか）?

_____

_____

_____

もう一度やり直すことができたら、どうしますか?

_____

_____

_____

CHAPTER 1

なぜほとんどの e ラーニングが失敗し、最悪なのか

この Chapter で探求するのは……

- ほとんどの e ラーニングが失敗する理由
- 失敗した e ラーニングにかかるコスト
- より良い e ラーニングを設計する方法

NOTES

CHAPTER 1

なぜほとんどの e ラーニングが失敗し、最悪なのか

私の最初の e ラーニングプロジェクトは大惨事だった!

　私が、最初の e ラーニングプロジェクトを任されたときのことを覚えています。

　小売の業界で万引き犯を捕えるための手順について、5 部構成のコースを作成する必要がありました。

　万引き犯を捕まえることについてはよく知っていましたが、e ラーニングコースの設計と開発についてはほとんど知りませんでした。

　迷い、混乱し、どこから始めればいいのかわからなくなったのを覚えています。

　当時の上司は、私に名前の書かれたリストを手渡し、内容について彼らと協力するよう指示しました。彼女はこれらの人々を「SME とステークホルダー」と呼んでいました。

　正直なところ、私は「SME とステークホルダー」が何であるか、当時は本当に知りませんでした。

　こうした私の経験は、別に特別な話ではありません。

　この業界で働いている人々のほとんどは、偶然にも同じような状況に陥るのです。そう、何かが得意で、ある日、「得意な人がそのことを他の人に教えればいい」と言われるのです。

　この現象は私たちの業界に多くの多様性を生み出しました。これは良いことです。しかし、同時に、多くの人々が魅力的な学習コンテンツを作成するためのスキル・ノウハウを十分に備えていないという状態にもつながったのです。

ほとんどのeラーニングが失敗するのはなぜか?

　ほとんどのeラーニングは最悪だ――これが私の率直な意見です。かなり大胆な発言のように思われるかもしれませんが、本当のことです。ただし、誤解しないでください。

　私は自分が世界でもっとも素晴らしいeラーニングデザイナーであるという信念をもって言っているのではありません。実際、私には、何年にもわたって、かなりの数のつまらないeラーニングコースを作成し、展開してきたという過去があります。

ほとんどのeラーニングは最悪だ!

　悲しい現実として、ほとんどのeラーニングコースは、情報が適切に整理されておらず、コンテンツには関連性がなく、やりとりが不自然で、目的がないように見える――学習者がそんな残念な体験をするものになっています。スライドショーのようなプレゼンテーションが、質の高いとは言えないクイズ・質問と安っぽいアニメーションで中断される――すべてが「楽しい」ように見えるものの、学習者にとっては複雑なものになっていることもあります。

　なぜそんなことが起こるのでしょう?　なぜ自分が取り組みたくないようなeラーニングを作成してしまうのでしょうか?　次の数ページで私が考える上位3つの理由を説明します。

What Do You Think?

多くのeラーニングが失敗する理由は何だと思いますか?

_____

_____

失敗するeラーニングにかかるコストはどれくらいだと思いますか?

_____

_____

_____

#1
大人を対象とした学習として設計されていない

___

　「どうやって学ぶのか」と尋ねたら、あなたは、「試行錯誤しながら」「とりあえずやってみる」などと答えるかもしれません。

　おもしろいことに、多くの人は、学習がどのように行われるかについてよく理解しています。学習は単一のイベントによって起きるものではなく、時間の経過とともに発生するプロセスであることを知っているのです。ただし、e ラーニングであろうと他の学びであろうと、他人の学習をデザインするという仕事に取り組む際、理論を放り出して、「自分たちはいい仕事をしたつもり」になることが多いのです。

　たとえば、スライド上に一連の箇条書きを放り込んで、ボタンを追加し、さらにクイズを放り込んで……それを「e ラーニング」と呼んでいるのです。そして、提供期間が終了した後、「どうして期待していた結果につながらなかったのだろう」と考えることになるのです。

　この本では、子どもの学習と大人の学習の根本的な違いを見て、大人向けの e ラーニングコンテンツを作成する方法を探ります。また、マルコム・ノウルズの成人学習の 4 つの原則と、デヴィッド・メリルのインストラクショナルデザインの原理についても確認していきます。

#2
e ラーニングが、適切な解決策ではない

——

あなたは、ステークホルダー（利害関係者）と SME（Subject Matter Expert：対象分野の専門家）が e ラーニングコースを作成するよう働きかけてきたら、どのように対応しますか？ あなたはどんな質問をしますか？ あなたは「この問題を解決するためには、学習が必要である」という彼らの仮説に、異議を唱えることができますか？ それとも内心では効果を疑いながらも要求を受け入れて、命令を実行しますか？

多くの場合、ステークホルダーや SME は、「学習（研修や e ラーニング、トレーニングなど）ですべてを解決できる」と信じています。

しかし、e ラーニングを構築する場合、e ラーニング（またはその他の手法の学習）がその解決策となるのかどうかについて決定を下す前に、まずは問題の原因を検証する必要があります。

この本では、ニーズ分析を実施して問題の原因を特定することから始めます。そして、正しい答えを見つけたうえで、ブレンディッド・ラーニングを設計する方法について理解していきます。また、ステークホルダーや SME と協力してプロジェクトを計画・管理する方法についても確認しましょう。

#3
行動に重点を置いていない

―

　e ラーニングの開発において、インタラクション（双方向の機能）の重要性について聞いたことはありますか?

　「エンゲージメント（学習者のコンテンツに対する興味関心が高い状態）を維持するには、e ラーニングをインタラクティブなものにする必要がある」と一般的に信じられています。ただし、e ラーニングのすべてのインタラクションの要素が、適切にデザインされているわけではありません。そして、当然ながらすべてのインタラクションで同じ結果が得られるわけでもないのです。

　たとえば、ボタンをクリックすると一連の箇条書きが表示されるインタラクションは、簡単に追加できます。しかし、このインタラクションを追加するのに、適切なタイミングというものがあります。もし、コースにこのタイプのインタラクションしかない場合、学習・パフォーマンスの観点から得られるものは、ほとんどありません。

　この本では、学習者が知る必要があること（知識）だけでなく、学習者が行う必要があること（行動）に焦点を当てた e ラーニング*訳注を設計・開発する方法を紹介していきます。また、学習コンテンツを収集する方法や、認知的負荷を軽減することにより、意味のあるインタラクションを組み込む方法でもある「ストーリーボード」の作成法についても解説します。さらには、ドナルド・カークパトリックの 4 段階評価法も学習しましょう。

*訳注

著者ティム・スレイド氏は、インタラクションの含まれたコンテンツ、VR を用いたコンテンツの制作
など、従来の動画を中心とした e ラーニングの概念を超えたものを本書で解説しています。そのため、
従来の概念、イメージでの混乱を避けていただくため、ティム・スレイド氏の提唱するに e ラーニ
ングついては、次の Chapter より「オンデマンド・ラーニング」という言葉を用います。

CHAPTER 2

オンデマンド・ラーニングとは何か

このChapterで探求するのは……

- さまざまな種類のオンデマンド・ラーニング

- オンデマンド・ラーニングのメリット

- オンデマンド・ラーニングの設計・開発の方法

NOTES

CHAPTER 2

オンデマンド・ラーニングとは何か?

すべての e ラーニングが同じように制作されているわけではない

「e ラーニング」について考えるとき、何が思い浮かびますか?

コンピューターの前に座って「次へ」ボタンをクリックする誰かでしょうか。それとも、タブレットやモバイルデバイスで動画を見ている人でしょうか。または、バーチャルリアリティ (VR) ヘッドセットを使用している場面かもしれません。

何が思い浮かぶのかに関係なく、学習にデジタルデバイスが含まれる場合、それは e ラーニングの 1 つの形態と言えるでしょう。

ここで言いたいのは、すべての e ラーニングが同じように制作されているわけではないということです。

私は、e ラーニングの世界での仕事をスタートした時、e ラーニングの唯一の定義として、「スライド、[次へ] ボタンがあり、そして時々クイズやテストが出てきて、LMS（ラーニング・マネジメント・システム／オンライン上における学習管理システム）上で学習するコースのこと」だと思っていました。あなたの感覚も私に似ていますか?

この本が主に焦点を当てて説明しているのは、このタイプの e ラーニング（オンデマンド・ラーニング）です。

しかし、実際のところ「e ラーニング」という用語は進化を続けていて、デジタル学習という範囲の中で、さまざまな種類が含まれるようになってきていることを認識することが重要です。

e ラーニングとは何か

では、e ラーニングをどのように定義すれば良いのでしょうか。

実は、e ラーニングの唯一の定義を考えるのは、難しいことです。

「[次へ]ボタンのあるオンラインのスライドベースの学習コンテンツ」と考えるかもしれませんが、これは e ラーニングの一例にすぎません。テクノロジーは常に進化しています。そのため、学習コンテンツの配信にテクノロジーがどのように使用されているかについて説明しようとすると、常に新しい例が生まれることになるのです。

e ラーニング＝コンピューター、タブレット、スマートフォン、その他のデジタルデバイスで行われるあらゆる学習体験

この e ラーニングの定義は広すぎると思えるかもしれませんが、コンテンツをデジタルで配信するさまざまな方法をすべて検討する場合に、もっとも理にかなったものだと言えます。

たとえば、YouTube 動画を見て何かを学ぶ場合、それは e ラーニングの一例です。大学のオンラインコースを修了した場合、それも e ラーニングです。リアルタイムで行われるウェビナーに参加する場合も、e ラーニングに含まれます。

決まり文句かもしれませんが、可能性は無限大なのです。

e ラーニングのタイプにはどのようなものがあるのか?

「さまざまな e ラーニングには何か共通の特徴がありますか?」——これはとても嬉しい質問です。「はい、あります」と、私は答えます。

e ラーニングのフィールドは常に進化し成長していますが、さまざまなタイプの e ラーニングには共通の特徴がいくつかあります。

「同期型の e ラーニング」と「非同期型の e ラーニング」

e ラーニングの最初の特徴は、「同期か、非同期か」です。「参加型(同期)か、自習型(非同期)か」を考えることは、従来から行われていた集合型研修と e ラーニングをはっきり区別することになります。講師が主導する研修は、ほとんどが同期で実施されます。つまり、すべての学習者が同時に学習イベントに参加するのです。

同期型のオンライン上での学習もあります。リアルタイムで行われるウェビナーやオンラインディスカッションなどがまさにその一例です。

一方、非同期型の場合、学習者は自分自身で学習に取り組みます。つまり学習するスケジュールは設定されていません。非同期型の学習としては、動画学習、インタラクティブなオンラインコース、進行中のディスカッションの掲示板などが挙げられます。

「インタラクティブ(双方向型)」と「パッシブ(受動型)」

2つ目の特徴は、インタラクティブ(双方向型)か、パッシブ(受動型)かです。e ラーニングはテクノロジーを使用して学習コンテンツを配信するため、学習体験を向上させるために、インタラクティブ(双方向型)の要素がよく使用されます。たとえば、学習者は、メニューやその他のナビゲーションボタンを使用して、コースのナビゲーションを自身でコントロールできます。これは e ラーニングをインタラクティブなものにする簡単な方法の 1 つですが、唯一の方法ではありません。

他にも、クイズや質問を使用して、知識習得テストをしたり、学習者が選択肢を選び、選んだ結果を見る(そして、うまくいけばそこから学ぶ)「分岐シナリオ」なども考えられます。インタラクティブな e ラーニングのバリエーションは、ほぼ無限にあるのです。

受動型の e ラーニングのバリエーションも同様に広範囲です。動画、オンライン記事、デジタル・インフォグラフィックなど、学習者が操作する必要のないデジタル学習コンテンツは、受動型(パッシブ)であるとみなすことができます。

e ラーニングの種類

　一般的なタイプの e ラーニングのほとんどは、以下のマトリックスにまとめることができます。

　これは全体を網羅したものではありません。新しいタイプの e ラーニングについて考えたり、見つけたりした時は、ここに書き留めておくと良いでしょう。

	同期	非同期
インタラクティブ（双方向型）	■ 投票やチャット、ブレイクアウトルームなどを使うオンラインセミナー ■ オンラインカンファレンス _____ _____ _____ _____ _____	■ シナリオベースのコンテンツ（インタラクションを含む）★ ■ システムシュミレーション ■ VR / AR ■ 動画コンテンツ（インタラクションを含む） ■ 掲示板 _____ _____ _____ _____ _____
パッシブ（受動型）	■ オンラインセミナー（一方的な進行のもの） _____ _____ _____ _____ _____	■ アニメーションを用いた解説動画 ■ 録画された動画 ■ ポッドキャスト ■ 記事、ブログ _____ _____ _____ _____ _____

＊グレーの部分がオンデマンド・ラーニングの領域を示す
＊ Chapter8 では★の項目を解説する

オンデマンド・ラーニングのメリット

　従来の集合研修は、現在でもとても人気があり、広く使用されています。一方、オンデマンド・ラーニングには、他のトレーニング方法にはない多くのメリットがあります。そのメリットへの期待は益々高まり、多くの組織がオンデマンド・ラーニングに目を向けています。

オンデマンド・ラーニングは、
一度作成すると、複数の場所で複数の学習者に複数回配信できる

オンデマンド・ラーニングが提供するメリットの一部を紹介すると……

- ■ **オンデマンド・ラーニングは幅広く提供できる**
  オンデマンド・ラーニングはコンピューターやその他のインターネット接続デバイスで配信されるため、場所に関係なく、多数の学習者に簡単に配信できる。

- ■ **オンデマンド・ラーニングは、学習者が必要な時に利用できる**
  ほとんどのオンデマンド・ラーニングでは講師を必要としないため、学習者はもっとも必要なタイミングに学習コンテンツにアクセスできる。

- ■ **オンデマンド・ラーニングは一貫した学習体験とメッセージを提供できる**
  オンデマンド・ラーニングコースは一度作成すると複数の学習者に配信できるため、オンデマンド・ラーニングでは各学習者が確実に同じ学習体験とコンテンツに取り組むことができる。

- ■ **オンデマンド・ラーニングは学習者の進捗状況を追跡できる**
  オンデマンド・ラーニングは通常、学習管理システム（LMS）などのホスティングプラットフォームを介して提供されるため、ほとんどのオンデマンド・ラーニングは個々の学習者の進捗状況を追跡できる。

- ■ **オンデマンド・ラーニングは時間とお金を節約できる**
  オンデマンド・ラーニングは、一度制作したら、複数回、複数の学習者に複数の場所で提供できるため、講師による研修と比較すると、時間と費用を節約できる。

オンデマンド・ラーニングの設計・開発のプロセス

　これまで、オンデマンド・ラーニングとは何かを定義し、オンデマンド・ラーニングのさまざまなタイプとさまざまなメリットについて説明してきました。ただし、これは、「そもそもオンデマンド・ラーニングをどのように作成したらいいのか?」という問いに答えるものではありません。この問いはオンデマンド・ラーニングにはじめて取り組む方が、この本から回答を得たいと思っているものでしょう。

　オンデマンド・ラーニングがどのように開発されているかについての答えは1つではありません。木の砦を組み立てる、家を建てる、オンデマンド・ラーニングを構築する……いずれの場合も、プロセスを最初から最後までを単純化して説明するのは簡単ですが、現実とは異なるものとなってしまいます。

オンデマンド・ラーニングの設計・開発は、家を建てるのとよく似ている

　家を建てるとき、木の梁、レンガ、釘、ドア、窓、フローリングなどの原材料の山を見ることは簡単です。それらをどのように組み合わせたら家を完成させられるのか想像してみてください。そのプロセスの複雑さが、容易に想像できることでしょう。
　実際に、最初の釘を木片に打ち込む前に、確認するべきことがたくさんあります。

- 建てたい家のイメージはありますか?　どんなイメージですか?

- どのような部屋のレイアウトにしたいですか?

- ベッドルームとバスルームはいくつ必要ですか?

- 建設プロセスの最初、2番目、3番目のステップは何ですか?

- 家のオーナー（発注者）は、建築を始める前にデザインを確認することができますか?

- オーナーはどのくらいの頻度で建設プロセスを見に来ることができますか?

- 建設プロセス中に変更を加えることはできますか?

- 建設プロセスにはどのくらい時間がかかりますか?

オンデマンド・ラーニングの開発は多面的で複雑なものである

　実際のところ、オンデマンド・ラーニングの素材となるコンテンツを取得することと、学習者がすぐに使えるオンデマンド・ラーニングコースを完成させることとの間にある道のりは、直線ではありません。ねじれていて、多面的で、複雑です。しかし、本書で紹介するオンデマンド・ラーニングの開発プロセスに沿って進めることで、このねじれたプロセスをハンドリングできるようになります。それは、あなただけでなく、ステークホルダーや SME にとっても役立つものです。

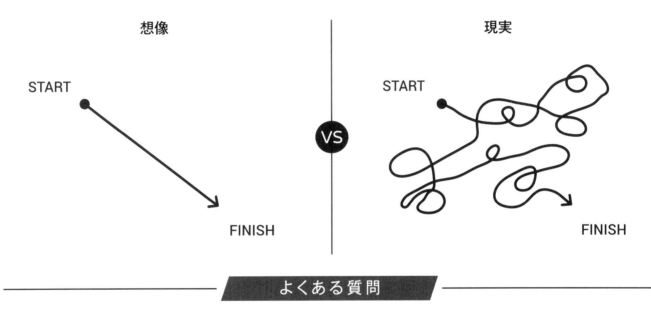

よくある質問

設計と開発の違いは何か?

「設計（デザイン）」と「開発」という用語はしばしば同じ意味で使用されますが、インストラクショナルデザインの観点では、異なる意味をもっています。

- **設計（デザイン）** は、学習ソリューションを考案してアウトラインを描くプロセス。オンデマンド・ラーニングの観点では、コンテンツの収集とストーリーボードへの整理が含まれる。

- **開発**とは、学習ソリューションを構築するプロセス。オンデマンド・ラーニングの観点からは、プロトタイプの作成と学習者向けのコースを完成させることが含まれる。

開発プロセスに沿うことが、なぜ重要なのか?

　オンデマンド・ラーニングをはじめて取り入れる場合、「特定の設計・開発プロセスに沿うのはやりすぎだ」と感じるかもしれません。まずは飛び込んでコースの開発を始めたいと思う方も少なくないでしょう。ただし、白紙の状態からオンデマンド・ラーニングの開発をスタートさせることは、めったにないことです。多くの場合、ステークホルダーや知識・情報・フィードバックを提供してくれるSMEが関与することになるのです。

オンデマンド・ラーニングの開発は、他の学習コンテンツの開発よりも複雑である

　オンデマンド・ラーニングを作成する場合は、設計・開発のプロセスに沿う必要があります。なぜなら、プロジェクト全体が脱線しやすいからです。さまざまなプロセスが存在していて、どのプロセスも混乱につながりやすいことを、私は経験をとおして学んできました。
　これは、オンデマンド・ラーニングの開発が他の種類の学習コンテンツ（講師主導の研修や実践のサポートなど）の開発よりも、はるかに複雑であることに起因します。

設計・開発のプロセスに沿うことが重要である理由

開発時間		経験		多くのリスク
オンデマンド・ラーニングのコンテンツ開発には多くの時間がかかる	**+**	ほとんどのステークホルダーとSMEは、オンデマンド・ラーニングの作成に参加した経験がほとんど（まったく）ない	**=**	多くの時間を無駄にすることになりかねない

設計・開発モデル──「ADDIE」V.S.「SAM」

　オンデマンド・ラーニングを設計・開発するときにしたがわなければならない唯一のプロセスがあるわけではありませんが、業界で認められているモデルがいくつかあり、それぞれに長所と短所があります。一般的によく知られているものは、「ADDIE」と「SAM」という2つのモデルです。

ADDIE とは何か?

　ADDIE は学習コンテンツを開発するための5つのフェーズを表す単語の頭文字を意味する。ADDIE モデルはもっとも広く知られ、使用されているインストラクショナルデザインモデルだが、その直線的なアプローチと柔軟性の欠如について、しばしば批判されている。ADDIE は、各フェーズが順番に完了する「ウォーターフォール」プロジェクトマネジメントモデルに似ているとよく言われる。

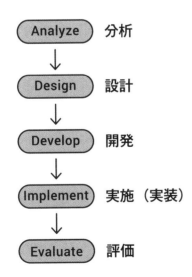

SAM とは何か?

　SAM も3つの単語(Successive Approximation Model:逐次比較モデル)の頭文字で表現された、循環的な設計・開発モデルのこと。ADDIE で使用される直線的なアプローチ、「ウォーターフォール」アプローチとは異なり、SAM は「アジャイル」プロジェクトマネジメントモデルと比較されることが多く、プロジェクトの進行では理想的なソリューションが作成されるまで、試作を迅速にくり返していく。

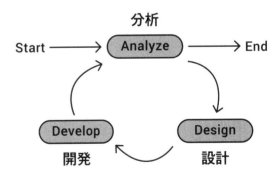

どのモデルにしたがうのが良いのか？

　ADDIE と SAM はしばしば「インストラクショナルデザインモデル」として知られていますが、私の意見では現実はそうとも言えません。「これらは、インストラクショナルデザインよりもプロセスに焦点を当てたプロジェクトマネジメントモデルに似ている」という表現がより現実的です。つまり、どちらのモデルも、パフォーマンスの向上につながる学習効果の高いオンデマンド・ラーニングの設計・開発に、直接的に役立つものとは言えないのです。

　では、どのモデルを使えば良いのでしょうか？
　それはあなたの組織、ステークホルダー、プロジェクトメンバー、そしてあなた自身の好みよると言えます。「ADDIE」（ウォーターフォールアプローチ）のほうが適している場合もあれば、「SAM」（反復アプローチ）のほうが適している場合もあります。それは時と場合によります。

開発プロセスに常に組み込む必要のある３つの基本プロセス

❶　反復設計　　　最良の結果を達成するために、コースを迅速に設計し、テストし、再設計するプロセス

❷　頻繁なレビュー　　　定期的にステークホルダーの協力を得て、コースの設計に関するフィードバックを得るプロセス

❸　品質設計　　　ビジュアル的な美しさと学習内容の両方の観点から、高いレベルのデザイン品質を達成するプロセス

ADDIE は SAM のようにくり返しができるのか？

　もちろんです。どうしてその質問をするのでしょう？　私は、ADDIE と SAM の良い部分を組み合わせることは可能だと考えています。ADDIE はウォーターフォールプロセスとして設計されていますが、各段階で複数のくり返しを行うことができないわけではありません。

　どのようなモデルでも、「ニーズに合わせて自由に調整できる」と覚えておいてください。

What Do You Think?

あなたのプロジェクトに最適なインストラクショナルデザインモデルはどちらだと思いますか？　それはなぜですか？

_____

_____

_____

選択した設計・開発プロセスで直面する可能性のあるリスク・課題は何ですか？

_____

_____

_____

これらのリスク・課題を克服するために、プロセスをどのように工夫することができますか？

_____

_____

_____

CHAPTER 3

人の学習はどのように進むのか?

このChapterで探求するのは……

- 学習の構造
- ノウルズの成人学習の4つの原則
- メリルのインストラクショナルデザインの原理

NOTES

_____

_____

_____

_____

_____

_____

_____

_____

_____

_____

_____

_____

_____

_____

_____

_____

_____

_____

_____

_____

_____

CHAPTER 3

人の学習はどのように進むのか？

基本から始めよう！

　この本の冒頭で、ほとんどのオンデマンド・ラーニングが失敗する３つの理由を説明しました。1つ目の理由として、「人々がどのように学習するかを考慮して設計されていないこと」を挙げています。オンデマンド・ラーニングの設計・開発に取りかかる前に、学習に関する基本的なコンセプトといくつかの理論を理解することが重要です。

　オンデマンド・ラーニングの作成には多くのことが必要ですが、効果につながるコースを作成できなかった場合、費やした時間が無駄になります。

　実は、私がeラーニングデザイナーとしてスタートした頃、学習は単に情報を伝達するプロセスだと思っていました。「情報を伝達する」というのは、学習のごく一部だけを表したもので、全体的な学習プロセスを適切に説明したものではありません。

学習はどのように行われるのか?

　まず考えてみてください。友人の誕生日パーティーのためにケーキをつくろうと思った時、つくり方を学ぶ必要があります。レシピを調べたり、YouTube で動画を見たり、レッスンに参加したり……さまざまな方法がありますが、実際にこれらをとおしてケーキを焼く方法が身につけられるでしょうか?　おそらくそうではありません。

　ケーキを焼くプロセスを習得する場合、あなたは何をする必要があるでしょうか?　そう、あなたはケーキづくりを試して、うまくできるかどうかを確認しなければなりません。はじめての挑戦では、恐ろしいケーキができあがる可能性があります。しかし、失敗をとおして、どのように改善すればいいかがわかってくるでしょう。材料を正確に計量する必要があること、生地を焼く時間を調節しなければならないことなどに気づくかもしれません。いずれにせよ、ケーキづくりのスキルは、経験と時間の経過とともに向上する可能性が高いのです。

　これが学習の方法です。試行錯誤をくり返すこと。学習は人間が行なっている自然なプロセスなのです。

学習はイベントではなく、プロセスである

　学習が人にとって自然なプロセスであるにもかかわらず、私たちが他人のために学習の機会を提供しようとする時に、ひどい仕事になってしまうのはなぜなのでしょうか?　私は、「プロセスを急ぎすぎているからだ」と考えます。学習者の「A-ha（わかった!）」の瞬間につながるすべてを無視し、私たちが学習をプロセスではなくイベントのように扱ってしまうからなのです。

　多くの場合、学習者は、1 時間のワークショップに参加させられたり、10 分間の e ラーニングで大量の情報を与え、多肢選択式のクイズに答えることを求められたりします。いずれも、与えられたトピックをマスターすることが、参加者に求められています。しかし、多くの場合、用意されていたすべてのプロセスが済んだとしても、学習者は何も学んでいません。そこで、私たちは「何が悪かったのだろうか」と疑問に思い、知恵を絞ることになる……この残念なサイクルがくり返されているのです。

学習は経験のエコシステムである

　私たちが理解しなければならないのは、学習者をワークショップに参加させたり、学習コンテンツを提供したりするだけで、学習が行われるのではないということです。学習には試行錯誤、ニーズ、モチベーション、そして時間と忍耐が必要です。

　簡単に言えば、学習は「経験のエコシステム」として成り立つのです。

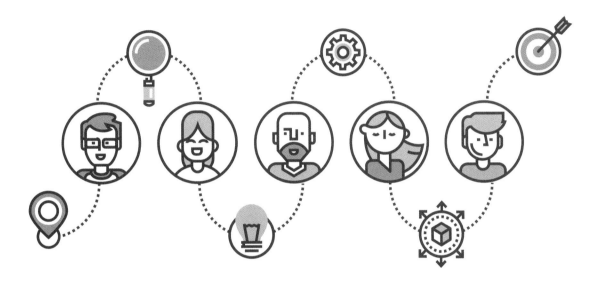

よくある質問

「トレーニング」と「学習」の違いは何か？

　業界内で同じ意味で使用される用語はたくさんあります。「トレーニング」と「学習」はその典型です。どうやってこの2つを区別するのか確認しましょう。

- **トレーニング**とは、私たちが作成し、学習者に提供する公式（または非公式）の経験・イベントのこと。たとえば、オンデマンド・ラーニング、ジョブエイド、動画、ワークショップなどがこれに当てはまる。

- **学習**は、結果。複数のトレーニングの「結果」、情報を得る経験の「結果」、イベントの「結果」などがこれに当てはまる。

大人はどのように学ぶのか?

　一般的に学習がどのように行われるかを定義することはできますが、すべての人が同じ方法で学習するわけではありません。つまり、すべての学習者を平等に扱う（トレーニングする）べきではないのです。これは、子どもと大人の学習方法の違いによって、もっともよく示されていることです。

　多くのオンデマンド・ラーニングの開発者や、インストラクショナルデザイナーの初心者が直面する課題の1つは、大人の学習方法に合わせた体験を作成していないということです。よくあるミスとして挙げられるのは、教師が教壇に立って講義をするという小学校2年生の教室で行われているようなトレーニングを提供してしまうことです。

大人と子どもの学習は異なる

　この本の冒頭で、「業界内で働いている多くの人たちが e ラーニングやインストラクショナルデザインに関して、正式なトレーニングを受けていない」と紹介しました。

　ワークショップやオンデマンド・ラーニングを設計することになった場合、自分が知っていることや過去に経験したことを頼りにするのは当然のことです。そして、多くの人々にとって、信頼できる唯一の学習経験は、子ども時代の教育なのです。

　しかし、実際のところ、私たちはさまざまなインストラクショナルデザイン理論を学ぶことができます。ここでは、私がもっとも重要だと思う、「マルコム・ノウルズの成人学習理論」と「デヴィッド・メリルのインストラクショナルデザインの原理」を紹介します。

マルコム・ノウルズの成人学習理論

　マルコム・ノウルズは、成人を対象とした教育者でした。彼は、成人を対象とした教育で使用される方法と原則を体系化したアンドラゴジー、成人学習理論によって、多くの人に知られています。

　アンドラゴジーは、1833年にドイツの教育者アレクサンダー・カップによってつくられた用語でしたが、主にノウルズによって研究が行われ、後に米国で普及しました。

　ノウルズは、ギリシャ語で「子どもを導く」を意味する一般的な用語「ペタゴジー」と、同じくギリシャ語で「人を導く」を意味する言葉をもとにした造語「アンドラゴジー」を区別する必要があると提案しました。

マルコム・ノウルズ

アンドラゴジーを発展させた有名な成人教育者。

ペタゴジー vs. アンドラゴジー

ペタゴジー / ˈpedə,äjē/	子どもの学習者を教える理論・実践
アンドラゴジー / ˈandrə,äjē,-gägē/	大人の学習者を教える理論・実践

「大人の学習者」と「子どもの学習者」

　ノウルズの研究では、大人と子どもの学習者の重要な違いについて、いくつかの特徴から定義することができます。

　ノウルズは、具体的には、大人の学習における「自主性の重要性」と、「過去の経験と失敗を学習経験に用いることの必要性」を強調しています。

	大人の学習者	子どもの学習者
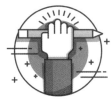 **学習者**	学習者には自主性があり、自分の学習経験を自ら評価する	学習者は、すべての学習と評価を講師に依存している
 **学習者の経験の役目**	学習者は、学習中に過去の経験（および失敗）を参照し、学習に使用する	学習者が、過去の経験を学習に取り入れることは、ほとんどない

	大人の学習者	子どもの学習者
学ぶ準備	学習者は、仕事の環境に変更があったときに学習の必要性を感じ、学ぶ準備ができている	学習者は、次のレベルの習熟に進むために何を学ばなければならないかを教えられる必要がある
学習へのオリエンテーション	学習者は、より満足のいく生活をするために、タスクを実行できるようになったり、問題を解決したりしたいと考えている	学習者は、学ぶべきトピックを指示され、それに取り組む必要がある
学習へのモチベーション	学習者は本質的に動機づけられている（例：自尊心、自分自身の環境に対する認識、より良い生活の質）	学習者は外因的に動機づけられている（例：成績の競争、失敗した結果）

ノウルズの成人学習の４つの原則

　　ノウルズは、研究の結果として、大人がもっともよく学ぶ方法について、４つの原則、ステートメントを定義しました。

ノウルズの成人学習の４つの原則

❶ 大人は自分の学習や能力開発について、自分自身が立てた計画に沿っているときに学習する

❷ 大人は自分のパフォーマンスを改善するための行動、そしてその振り返りをとおして学習する

❸ 大人は単に解決策を聞くのではなく、自ら問題に挑んだときに学習する

❹ 大人は自分が気にかけているテーマに関連している時に学習する

M・デヴィッド・メリルの
インストラクショナルデザインの原理

2000年代初頭、教育効果の専門家であるM・デヴィッド・メリルは、実用的なインストラクショナルデザインの原理を定義しました。メリルのインストラクショナルデザインの原理は、タスクベースの学習に根ざしています。学習者は、現実の世界（または仕事）で適用できる問題を解決する方法を発見したときにもっともよく学習します。

メリルの原則は、成功する学習体験を定義するのに役立ちますが、必ずしも学習がどのように行われるかを定義するわけではありません。その代わりに、次ページの「インストラクショナルデザインの原理」では、インストラクショナルデザイナーとして、学習を促進する体験を提供する方法が示されています。

M・デイヴィッド・メリル

インストラクショナルデザインとテクノロジーを専門とする教育研究者。

よくある質問

さまざまな種類の学習スタイルを考慮する必要があるのか?

何年もの間、学習内容を学習者の好みの学習スタイル（視覚、聴覚、書面、運動感覚）に合わせて調整するべきだというコンセプトが提唱されてきました。

多くの専門家がこのアイデアにこだわっていますが、アメリカ心理学会による2014年の調査では、学習内容の定着と提供方法の間にほとんど相関関係が見られませんでした。

では、代わりに何をすべきなのでしょうか？　最善のアプローチは、教えられているタスクやスキルの内容と複雑さによってインストラクションを調整することだと言えます。つまり、何かを伝える際、視覚的に伝えることがもっとも適している場合は、視覚的に伝えるようにします。実践的な学習を用いるのが最適な場合は、触覚的・体験的な学習をデザインします。とてもシンプルな方法です。

メリルのインストラクショナルデザインの原理

メリルの原理は順番に適用されることを前提としており、各要素は前の要素に基づいています。

原理	説明
① デモンストレーション（例示）	学習者がスキルの「デモンストレーション（例示）を観察する」と、学習が促進される
② アプリケーション（応用）	学習者が新たに習得した知識とスキルを「応用する」と、学習が促進される
③ プロブレムセンタード（問題中心）	学習者が「現実世界の問題の文脈」でスキルを習得すると、学習が促進される
④ アクティベーション（活用）	学習者が既存の知識やスキルを「活用する」と、学習が促進される
⑤ インテグレーション（統合）	学習者が新しいスキルを日常生活に「統合」すると、学習が促進される

これらのインストラクショナルデザイン理論はオンデマンド・ラーニング特有のものか?

　そんなことはありません。教室でのワークショップ、動画による解説、ウェビナー、トレーニングイベントの組み合わせにおいても、ノウルズの「成人学習の原則」とメリルの「インストラクショナルデザインの原理」を用いて学習を促進することができます。

What Do You Think?

ノウルズの「成人学習の原則」をどのように組み込むことができますか?

_____

_____

_____

メリルの「インストラクショナルデザインの原理」をどのように組み込むことができますか?

_____

_____

_____

これらの原則・理論を組み込むときに直面する可能性のある課題は何ですか?

_____

_____

_____

CHAPTER 4

——

プロジェクトを計画する

このChapterで探求するのは……

- ■ 「ニーズ分析」の方法

- ■ プロジェクトを計画する方法

- ■ 「プロジェクト計画」と「タイムライン」を作成する方法

NOTES

_____

_____

_____

_____

_____

_____

_____

_____

_____

_____

_____

_____

_____

_____

_____

_____

_____

_____

_____

CHAPTER 4

プロジェクトを計画する

オンデマンド・ラーニングプロジェクト成功の鍵は、「最初」にある

　オンデマンド・ラーニングをはじめて取り入れる場合、プロジェクトの開始時は混乱しているように見えることがあります。魅力的なオンデマンド・ラーニングを設計して提供するために必要な情報をすべて収集しようし、圧倒されてしまいがちになるのです。さらに、厳しい締切に間に合わせるために、ステークホルダーや SME に、さまざまなリクエストをする必要がある場合、プロセスはさらに複雑になります。

　私が、最初のプロジェクトをスタートした時のことです。
　私は、SME と会うだけで、コースの構築に必要なすべての情報が入手できると思っていました。SME と会った後、私は自分のデスクに戻ってコースを作成し、出来上がった段階で SME に確認し、承認してもらえばいい、そんなイメージをもっていました。私は、すべてが簡単なことだと思っていたのです。
　現実には、ステークホルダーと SME は、私が実際に必要とする情報をまったくもっていませんでした。彼らが知っていたのは、「従業員のパフォーマンスに問題があること」だけ。そして彼らは、「オンデマンド・ラーニングを作成することが、その問題を解決するための答えだ」と考えていました。
　彼らが考えていた（そして当時の私が考えていた）「私の仕事」は、単に「彼らの注文に対応すること」でした。しかし、それは誤りだったのです。

その問題はトレーニングで解決するのか?

　学習の専門家として私たち全員が直面する最大の課題の1つは、「ステークホルダーがトレーニングが必要だと要求してきたときにどのように対応するか」です。多くの場合、ステークホルダーは、「トレーニングですべてを解決できる」と考えています。その結果、従業員のパフォーマンスに問題があるとわかると、彼らは、「トレーニングをすればいい」と考えるのです。ただし、これが常に当てはまるとは限りません。

トレーニングがすべての解決策になるとは限らない

　トレーニングプランの作成を求められたときにどのように対応するかが、パフォーマンスの問題を解決できるかどうかにもっとも大きな影響を与えます。彼らの要求を無批判に受け入れると、そもそもトレーニングの問題ではないものに対して、トレーニングを提供することになるリスクがあります。
　トレーニングはすべての問題の解決策になるのでしょうか?
　ここでは、トレーニングが解決策にならないケースを考えていきましょう。

パフォーマンスの問題の原因は何か?

　トレーニングによって特定のパフォーマンスの問題が解決できるかどうかを判断する前に、「そもそもパフォーマンスの問題の原因は何か」を理解することが重要です。
　人々が本来、求められている行動をとらない場合、その理由は、さまざまなものが考えられます。
　あなた自身の人生について考えてみてください。毎日やるべきなのに、やっていないことは何ですか?　私にとって、それはダイエットと運動です。私はいつも自分にとって適切な食事をしているとは限りませんし、いつも必要なだけ運動をしているわけでもありません。
　これは、適切な食事と運動の習慣についてさらにトレーニングが必要であることを意味しますか?そうではありません。もし10kg痩せたいのであれば、食事のカロリーをコントロールし、より頻繁に運動をする必要があるでしょう。体重を減らすのを妨げているのは知識・スキルが足りないことではありません。原因は、私自身に運動する時間や食事に気を使う余裕がないことです。
　同じことは、組織においても当てはまります。特定のタスクを実行しない人がいる場合、その原因が知識・スキル不足ではない可能性はありませんか?　もし、そうだとしたら、その原因、そして真の問題を明らかにし、適切な解決策を示すことが私たちの仕事なのです。

パフォーマンスの問題は複合的な原因によって生じる

知識の欠如

学習者がタスクの実行方法を知らない
例：顧客に販売する製品の機能・メリットを知らない

スキルの欠如

学習者は、必要なレベルの習熟度でタスクを実行するだけのスキルがない
例：顧客からのクレームに対処するのに苦労している

モチベーションの欠如

学習者にタスクを実行する意欲がない
例：一部の製品は他の製品よりも高い手数料をもらうことになっている（低い手数料の製品を売る気にはなれない）

リソースの欠如

目的のタスクを実行するために必要なリソースがない
例：システムが起動するスピードが遅く、完了するまでの時間が予想以上にかかってしまう

トレーニングで解決できるパフォーマンスの問題とはどのようなもの?

　もちろん、知識を増やしたり、スキルを向上させたりするトレーニングを準備することはできます。しかし、モチベーションやリソースの問題はどうですか? トレーニングでこれらを解決することができますか? シンプルに言うと、答えは「ノー」ですが、トレーニングが役立つ場合もあるとは思います。

　トレーニング自体には、学習者を動機づけたり、必要なリソースを提供したりする力はありませんが、トレーニングによって、学習者が既存の知識やスキルを適用することで得られるメリットを理解することができるでしょう。また、トレーニングは、既存の知識やスキルを改善するのに役立つ「パフォーマンスサポートリソース」に学習者を向き合わせるのにも役立ちます。

　とはいえ、トレーニングを作成し、提供するだけでは十分ではありません。問題を解決するために、トレーニングよりもさらに効果的かつ効率的な方法があるのではないでしょうか。

What Do You Think?

あなたの組織(または過去の組織)におけるトレーニングがパフォーマンスに望ましい効果をもたらさなかった例を思い出してください。なぜそうなったのでしょうか?

_____

_____

_____

上記の例で、トレーニング以外の適切な解決策は何だったと思いますか?

_____

_____

_____

ニーズを分析する

　ここまで、学習者が示すパフォーマンスの問題に対して、トレーニングが必ずしも答えであるとは限らない理由を探りました。また、パフォーマンスの問題を引き起こす可能性がある、いくつかの要因についても概観してきました。

　では、パフォーマンスの問題の原因を実際に検証し、適切な解決策を決定するにはどうすれば良いでしょうか。これは「ニーズ分析」が役立つ分野です。

「ニーズ分析」とは何か?

　「ニーズ分析」「トレーニングニーズ評価」「パフォーマンス評価」などと呼び方はいくつかありますが、「ニーズ分析」は、パフォーマンスの問題を評価して根本原因を特定し、1つ以上の解決策を導き出すプロセスです。

　この目的は、とてもシンプルなものです。

　しかし実際のところ、私たちがそれを行うのが難しいのはなぜでしょうか。また、なぜ最初に「ニーズ分析」を行うことが、これほど重要なのでしょうか。

　ページをめくって理由を確認しましょう。

なぜ「ニーズ分析」が必要なのか?

　私が e ラーニングを始めたばかりの頃、誰かが「ニーズ分析を行うべきだ」と提案するのを聞いたとき、うんざりしていました。正直なところ、時間の無駄だと思っていたのです。そもそも、何をすべきか、どのような質問をするべきかわかりませんでした。本音を言うと、私はそのプロセスに、とても怯えていたのです。しかし、当時の私は完全に間違っていました。

パフォーマンスの問題の原因がわからない場合、ムダなトレーニングを作成してしまうリスクがある

　多くの場合、私たちは、ステークホルダーのオーダーに応え、トレーニングプロジェクトを開始します。そして、トレーニングの開発がほぼ完了する頃に、トレーニングが適切な解決策ではないことに気づく……これは、よくあることです。

　トレーニング開発に取り組んだ経験のある方ならば、少なからずこうした感覚を味わったことがあるかもしれません。

　こうした経験からも、あらゆる種類のトレーニングの開発を始める前に、「ニーズ分析」の実施が役に立つことがわかります。

「ニーズ分析」はどのように実施するか?

「ニーズ分析」は複雑なプロセスのように思えるかもしれませんが、実際には非常に簡単です。

いくつかの数値を計算してデータを分析する必要があるかもしれませんが、情報に基づいて、問題を理解することが重要です。

また、適切な「ニーズ分析」は、学習者が習得する必要がある「知識」だけではなく、実際にどのような「行動」が必要なのかに基づいて学習コンテンツを特定し、設計するのにも役立ちます。

「ニーズ分析」の基本:次の3つの質問への答えを手に入れる

❶	❷	❸
人々は何をしているのか?	**人々に何をしてもらいたいのか?**	**なぜ人々はそれをしないのか?**
この質問から、「現在のパフォーマンスレベル」を判断する	この質問から、「必要なパフォーマンスレベル」を決定する	この質問から、「パフォーマンスの問題の原因」を特定する

What Do You Think?

組織内でトレーニングを作成するように求められた場合、ニーズ分析を実施することから始めますか? もしそうなら、あなたはどのようなプロセスで進めますか?

ニーズ分析から始めない場合は、それはなぜですか?

_____

_____

_____

「ニーズ分析」にあたって、前のページの3つの質問に答えるために必要な情報を収集する方法は、組織や分析しているパフォーマンスの問題などによって異なります。

パフォーマンスの問題の原因を特定する際は、1つの情報（つまり、ステークホルダーやSMEの意見だけ）に依存しないことが重要です。パフォーマンスの問題とそれが発生する理由について、必要な情報を入手して、適切な判断へとつなげていきましょう。

ニーズ分析：情報収集の方法

ステークホルダー と話す	ステークホルダーやSMEに相談して、「パフォーマンスの問題が存在する」と彼らが考える理由を確認する。ここから始めるのは良いことだが、彼らの言うことを100%信用しないこと。彼らは、「すべての問題がトレーニングで改善できる」と考えていることを忘れずに。
データ を確認する	パフォーマンスの問題の原因を特定するために使用できるデータ・主要業績評価指標（KPI）を確認する。これらをもとに、トレーニングおよびトレーニング以外の解決策の有効性を評価していく。
学習者 を観察する	学習者を観察し、パフォーマンスの問題に関して「何をしていて、何をしていないのか」を確認する。これは、「現実のパフォーマンス」と「理想のパフォーマンス」のギャップを把握するのにも役に立つ。
学習者 と話す	学習者に話しかけて、期待どおりに機能しない理由について、学習者がどのように考えているのかを確認する。これは、知識・スキルのギャップの有無をすばやく特定するのに役に立つ。
ベストプラクティス を確認する	分析しているパフォーマンスの問題に関連するベストプラクティス（利用可能なもの）を確認する。これにより、分析しているタスク・パフォーマンスについて不明確な情報、矛盾する情報に気づく場合がある。

「適切な解決策」を明らかにする

　「ニーズ分析」が完了すると、特定されたパフォーマンスの問題に対処するための解決策について、現実に基づいた「推奨事項」（適切な解決策）を示せるようになります。

　すべての推奨事項・解決策にトレーニングが含まれるわけではありません。場合によっては、組織内の手順や文化に関する解決策を提案する必要もあるでしょう。

「ニーズ分析」の目標は、問題への対処法を決定すること

　トレーニング以外の解決策を提案すると、反発を受けることがあるかもしれません。しかし、データ・エビデンスに基づいて検討し、提案することで、それらが採用される可能性が高くなります。

───────────────── **アドバイス** ─────────────────

　ステークホルダーや SME と話すときは、質問をして「学習者に何をしてもらいたいか」に焦点を当てて話し合います。

「キックオフミーティング」を実施する

　ほとんどのオンデマンド・ラーニングプロジェクトの成功は、ステークホルダー、SME、そしてコースの開発に関わるすべての人々との関係性にかかっていると言えます。

　私の経験では、良好な関係でプロジェクトを開始する最良の方法は、プロジェクトの「キックオフミーティング」を実施することです。

　プロジェクトの「キックオフミーティング」の目的は自明のように思われるかもしれません。ただし、最初のミーティングで何をすべきかは、必ずしも明確ではありません。誰を招待すればいいですか？ どんな質問をするべきですか？　どのような決定をしなければなりませんか？

「キックオフミーティング」とは何か？

　プロジェクトの「キックオフミーティング」は非常にシンプルですが、非常に重要です。プロジェクトに関係するすべての人を集めて、構築を計画しているオンデマンド・ラーニングについて話し合い、プロジェクトへの参加について合意を得るチャンスです。

　プロジェクト開始時という非常に早い段階では、プロジェクトの範囲や学習に含める必要のあるコンテンツが明確ではないこともあります。これらを明確にしたうえで、「キックオフミーティング」を実施する場合もあります。

　重要なのは、「キックオフミーティング」にはいくつかのパターンが存在するということです。

「キックオフミーティング」はいつ行うべきか?

「キックオフミーティング」をいつ実施するか(そして、何について話し合うか)は、プロセスのどこにいるかによって大きく異なります。「ニーズ分析」を実施しましたか? オンデマンド・ラーニングの設計・開発を開始する準備はできていますか? 状況に応じて、次のようなミーティングを行うことを推奨します。

トレーニング開発の リクエストを受けた時	トレーニングを設計する 準備が整った時
(焦点を当てること)	**(焦点を当てること)**
■ ステークホルダー ■ 業績上の目標 ■ パフォーマンスギャップ	■ SME ■ 学習目標 ■ 学習コンテンツ
(目的)	**(目的)**
■ 「ニーズ分析」を完了させる	■ トレーニングの作成を開始する

What Do You Think?

新しいプロジェクトを開始するとき、通常、キックオフミーティングを実施しますか?
もしそうなら、あなたは通常、プロセスのどの時点でそれを行いますか?

_____

_____

_____

適切な人を招待する

オンデマンド・ラーニングプロジェクトの「キックオフミーティング」を成功させるには、適切な人を招待することが欠かせません。

「キックオフミーティング」は、全員が同じ部屋（または同じ会議ライン）に集まる数少ない機会の1つです。この機会を無駄にしたくはありません。

「キックオフミーティング」に適切な人を招待すると、必要な質問をし、それに答えてもらったり、コンテンツを収集したり、期待を明確にしたりすることがきるでしょう。

必要な「プレイヤー」を選び、招待する

プロジェクトに関与するすべての主要な「プレーヤー」（ステークホルダー、SME、その他のレビュー担当者など）に確実に参加してもらいますが、必要以上に多くの人を招待することは避けましょう。実際にコースの開発、提供、承認に必要な人のみを招待するのです。ステークホルダーの上司の上司まで招待しているのだとしたら、参加者が多すぎるかもしれません。あまりにも多くの人を巻き込むと、プロジェクトが当初想定していた範囲外にまで広がってしまうリスクがあることには留意が必要です。

よくある質問

ステークホルダーとSMEの違いは?

正直に言うと、私はこれらを同じ意味で使用することがあります。ただし、これらには重要な違いがあります。

- **ステークホルダー**：プロジェクトとプロジェクトの結果に既得権をもつ人。上級管理職またはプロジェクトのトピック・領域に密接に関連する誰かなど。「プロジェクトスポンサー」と呼ばれることもある。

- **SME**：対象分野の専門家。そのプロジェクトで扱われているトピックについて、運用上、機能上、適用可能な深い知識をもっている人のこと。

「キックオフミーティング」に参加すべき人々

あなた自身

当たり前のように思えるかもしれないが、オンデマンド・ラーニングプロジェクトの「キックオフミーティング」はあなたのミーティングである。あなたには、スケジュールを調整し、適切な人々を会議に招待する責任がある。

ステークホルダー

プロジェクトのステークホルダーが含まれる。プロジェクトに直接関与していない場合でも、参加してもらうことが重要。「キックオフミーティング」で、プロジェクトの方向性についてともに確認する。

SME

オンデマンド・ラーニングの開発プロセスでもっとも緊密に連携する専門家。あなたにとってSMEが欠かせない存在であるように、SMEにとってもあなたは欠かせない存在である。

他の学習デザイナー

プロジェクトに取り組んでいる他のデザイナーを招待するのもお勧め。すべてのプロジェクトに当てはまるわけではないが、原則としてコースの開発に参加する人は誰でも出席する必要があると考えよう。

ステークホルダーや SME が「キックオフミーティング」に参加できない場合はどうする?

　会議のスケジュールを変更します。「キックオフミーティング」は、プロジェクトに飛び込む前に、全員が一堂に会するまたとない機会です。ステークホルダーの1人が「キックオフミーティング」に時間を割くことができない場合、不在のままスタートするのは避けましょう。

　なお、これは、彼らがプロジェクトに貢献するのにふさわしい人物ではないという兆候である可能性もあります。

What Do You Think?

「キックオフミーティング」に誰を招待しますか?

_____
_____
_____

「キックオフミーティング」では、通常どのようなトピックについて話し合いますか?

_____
_____
_____

「キックオフミーティング」では、どのような質問をしますか?

_____
_____
_____

適切な質問をする

　「キックオフミーティング」は、プロジェクト関係者が、互いに質問をしたり、回答を得たり、全員が同じ土台の上に立っていることを確認したりする絶好の機会です。

　「ニーズ分析」をとおして、コースの学習ニーズと目指す結果について多くの情報を得ることができますが、それでも、ステークホルダーが何を考えているかを直接聞くことは、価値のあることです。

　また、ステークホルダーと SME が質問にどのように回答するかによって、「キックオフミーティング」中に対処すべき事柄を明らかにすることができるかもしれません。たとえば、コースを 1 週間以内に設計して提供することが期待されている場合、これが本当に対処可能かを確認する必要があるでしょう。

　ステークホルダーと SME が必要であることを忘れないでください。彼らはあなたが問題を解決するために必要な情報をもっています。ただし、何もしなくても彼らが必要な情報をすべて提供してくれるわけではありません。質問し、掘り下げていくことが必要なのです。

--- **アドバイス** ---

　ステークホルダーが次のページのすべての質問に答えられると期待しないでください。これらのうちいくつかは、あなた自身が考える必要があります。ミーティングで、ステークホルダーを質問攻めにすることがなくて済むよう、普段の会話の中から引き出せるようにしていきましょう。

「プロジェクトスコープ」に関する質問リスト

このコースはいつ利用可能になる必要があるか	この質問によって、コース開発が完了する予定日と学習者がコースを利用できるようにするタイミングを決定する。オンデマンド・ラーニングプロジェクトのタイムライン構築に役立つ。
このオンデマンド・ラーニングコースはどのくらいの長さであるか?	この質問によって、SME が期待している学習コンテンツの量と開発にかかる時間を決定する。プロジェクトの全体像を特定し、開発の予算・必要な時間を見積もるのに役立つ。
このコースの対象となる学習者は誰か?	この質問によって、コースの受講者を決定する。コースの学習者、利用者を特定し、ニーズをよりよく理解するのに役立つ。

What Do You Think?

「プロジェクトスコープ」に関して、他にどのような質問をしますか?

_____

_____

_____

_____

_____

「結果・成長」に関する質問

このコースによってもっとも影響を受ける可能性のある目標・指標は何か?	この質問によって、コースを測定可能な目標・指標に関連づける方法を決定する。ここで挙げられた目標・指標にプラスの影響を与えることに焦点を当てたコンテンツの設計に役立つ。
これらの目標・指標にもっともプラスの影響を与える行動は何か?	この質問によって、挙げられた目標・指標にもっともプラスの影響を与える行動を特定する。そうした行動を促進するようなインタラクションを設計するのに役立つ。
このコースは、これらの目標・指標にどの程度の影響を与えたいか?	この質問によって、SME が、「コースが目標・指標にどの程度影響するか」を判断する。コースが正しい情報・行動に焦点を合わせていることを確認し、そこに重点を置いて開発を進めていくことに役立つ。

What Do You Think?

「結果・成長」に関して、他にどのような質問をしますか?

_____

_____

_____

_____

_____

「コースの内容」に関する質問

学習者は、望ましい行動を実行するために何を知る必要があるか?	この質問によって、目的のパフォーマンスを実行するために必要な知識を判断する。知っておくと便利な情報ではなく、行動に関連する情報に重点を置くのに役立つ。
このトピックに関して現在利用できる既存のリソース、ベストプラクティス、トレーニングはあるか?	この質問によって、コースの開発において、参照・使用できるコンテンツを決定する。設計・開発の時間を節約できる可能性を模索する。
既存のコンテンツやトレーニングはどの程度効果的か?	この質問によって、既存のコンテンツやトレーニングで何が機能しているか、何が機能していないかを判断する。これから開発するコースがもっとも効果的なコンテンツに焦点を当てるために役立つ。

What Do You Think?

「コースの内容」に関して、他にどのような質問をしますか?

_____

_____

_____

_____

_____

「コース開発」のための質問

オンデマンド・ラーニングの開発に参加したことがあるか?	この質問によって、SME がオンデマンド・ラーニング開発プロセスで経験したことを確認する。開発プロセスについて SME に教える際に役立つ。
効果的・非効果的なオンデマンド・ラーニングはそれぞれどのようなものか?	この質問によって、SME がオンデマンド・ラーニングの良し悪しをどのように見ているかを判断する。SME がオンデマンド・ラーニングに関して抱いている誤解を特定するのに役立つ。
コース開発に関して他にどのような質問があるか?	この質問をして、コースのレビュー担当者が誰であるか、および編集を提供するために必要な時間を決定する。適切な人が開発・レビューのプロセスに配置されていることを確認するのに役立つ。

What Do You Think?

「コース開発」に関して、他にどのような質問をしますか?

_____

_____

_____

_____

_____

「コース配信」に関する質問

このコースはどのように学習者に配信されるのか?	この質問によって、コースを学習者が利用できるようにする責任があるのは誰かを特定する。コースが適切に実装されている状態を確認するのに役立つ。
学習者は特定の日付までにこのコースを完了する必要があるか?もしそうなら、それはなぜか?	この質問によって、SMEが学習者の修了にどのような期待を抱いているか（そして期待する理由）を判断する。コースの提供と実装について計画をするのに役立つ。
学習者が指定された日付までにコースを完了することについての責任は誰にあるか?	この質問によって、学習者が指定された日付までにコースを完了することについての責任があるのは誰かを特定する。全員が自分の責任を理解するのに役立つ。

What Do You Think?

「コース配信」に関して、他にどのような質問をしますか?

_____

_____

_____

_____

_____

期待をマネジメントし、調整する

　キックオフミーティング中にオンデマンド・ラーニングプロジェクトを計画するうえで重要なことは、期待をマネジメントし、調整することです。あなたは、「コースの内容や学習成果の問題の核心に入っていきたい」と思うかもしれませんが、まずは、あなたとステークホルダーがプロジェクトの成果について明確に合意するために時間を費やすことが重要です。

　ステークホルダーや SME は、教える必要のある内容について多くのことを知っているかもしれませんが、オンデマンド・ラーニング開発の専門家ではないことを忘れないでください。

　そうは言っても、ステークホルダーに、優れたオンデマンド・ラーニングの設計・開発・レビュープロセスにおける彼らの役割について理解してもらえるよう、キックオフミーティング中に、時間を割く必要があります。

オンデマンド・ラーニング開発プロセスの概要を説明する

　ステークホルダーはもちろんのこと、SME も、オンデマンド・ラーニングの開発やプロジェクトマネジメントのプロセス全体を理解していると思いがちです。SME は、さまざまなプロジェクトに関わっている可能性はあるものの、彼らが「学習目標」「ストーリーボード」「プロトタイプ」「レビューサイクル」などを理解している（理解できている）とは限りません。キックオフミーティングでは、時間をかけてオンデマンド・ラーニングの開発プロセスについて説明することが重要です。プロセスの各フェーズで何が期待されているかを伝えるとともに、彼らが理解できない可能性のある用語について説明します。

アドバイス

　たとえ話は、ステークホルダーが開発プロセスを理解するのに役立つ方法です。「ストーリーボード」を「設計図」、「プロトタイプ」を「3D レンダリング」、「開発」を「家の建設」として、オンデマンド・ラーニングの開発と家の建設を比較して説明することを、私自身よく試します。

　完成形ができあがるまで待つのではなく、「ストーリーボード」の段階で変更を加えることが重要であることを説明するとき、私はよくこのたとえ話をします。

　「家を建てるのと同じように、設計図に変更を加えることができます。ただし、建設が始まってからキッチンを移動したい場合は、家全体を再設計して建て直す必要があるかもしれません」

　こうした説明が理解を促します。

「優れたオンデマンド・ラーニングとは何か」を理解してもらう

この分野で長年働いていると、「誰もが優れたオンデマンド・ラーニングがどのようなものかを知っているわけではない」ということを忘れがちです。

これは、ステークホルダーとともに仕事をしている場合に特に当てはまります。

多くの場合、ステークホルダーやSMEは学習の専門家ではありません。「ステークホルダーは優れたオンデマンド・ラーニングを認識できる」と誤解しないでください。彼らは漠然とした考えをもっているかもしれませんが、もしかしたら彼らの理解は5年、10年、15年前のものかもしれません。

また、SMEと最初に会うときは、彼らに理解してもらうために、優れたオンデマンド・ラーニングの品質について強調するようにします。あなたの仕事を例として見せたうえで、彼らに質問してもらうよう促すのです。

「同じ土台に立っている」と感じられるようになるまで、キックオフミーティングを終了させないでください。

よくある質問

優れたオンデマンド・ラーニングには何が必要なのか?

私は優れたオンデマンド・ラーニングは次の4つで構成されていると考えています。

- **グラフィックデザイン**:食事も最初は目で味わうように、私たちは目で学ぶ。オンデマンド・ラーニングは優れたグラフィックデザインを用いて、視覚的に魅力的なものにする必要がある。

- **ビジュアルコミュニケーション**:オンデマンド・ラーニングはビジュアルコミュニケーションのツールである。画面にたくさんの単語を表示するのではなく、画像、アイコン、アニメーションを使用し、コンテンツに命を吹き込むことで、学習者があなたの言っていることを理解できるようにする。

- **ユーザーインターフェイスデザイン**:ナビゲートがわかりづらかったり、機能的な不備が多かったり、学習体験を妨げるその他の問題がある場合、学習者は学習コンテンツを吸収するのではなく、コースのナビゲート法の学習により多くの時間を費やすことになる。

- **インストラクショナルデザイン**:最後に、オンデマンド・ラーニングが確かなインストラクショナルデザイン手法によって設計されていない場合、上記のすべての項目は無意味になる。オンデマンド・ラーニングは、学習者の知識の習得に加えて、パフォーマンスの向上をサポートする必要がある。

開発・レビュープロセスにおける役割を説明する

　すべてのステークホルダーが、同じわけではありません。深く関与したい人もいれば、メールに返信する時間すらほとんどない人もいます。いずれにせよ、開発プロセスで彼らがどのような役割を果たすのかを明確にするのは、あなたの仕事です。

　先に述べたように、あなたと SME はお互いを必要としています。SME は、あなたの問題を解決するために必要な情報をもっています。あなたの仕事は、彼らから必要な情報を手に入れることです（間違っても邪魔者のように捉えないでください）。

　ステークホルダーとともに仕事をするときは、ステークホルダーが誤った期待を抱かないように注意してください。ステークホルダーと「期待する成果」を共有できないと、プロジェクトが制御不能となるリスクがあります。

　プロセス全体を通じて、ステークホルダーと SME に必要なことを説明するようにします。

　オンデマンド・ラーニングの「プロジェクト計画」を作成することは、ステークホルダーへの説明責任を果たすとともに、SME にプロジェクト全体で必要な役割を果たしてもらうための優れた方法です。

What Do You Think?

ステークホルダーや SME と連携するために、他にどのような工夫が必要ですか?

_____

_____

_____

ステークホルダーと SME が彼らの役割を理解するのを助けるために、どのような戦略をとりますか?

_____

_____

_____

「プロジェクト計画」を作成する

　全員が同じ土台に立ち、同じ期待をもつことができた場合、オンデマンド・ラーニングプロジェクトの「キックオフミーティング」は成功と言えます。ただし、これはめったにないことです。「キックオフミーティング」では、コースの望ましい結果について話し合い、コンテンツを収集し、期待を調整するために時間が費やされますが、ミーティング中に行われたすべての情報のやりとり、決定事項は、全員が立ち去ると、あいまいなままになる可能性があります。

　これは、スコープクリープの「クリープ」が発生してしまうタイミングです。これを回避し、ステークホルダーをはじめとする関係者の期待を一致させる1つの方法は、「プロジェクト計画」と「タイムライン」を作成することです。

「プロジェクト計画」とは何か?

　「プロジェクト計画」は、プロジェクトに関連するすべての重要事項を概説するように設計されたドキュメントです。「プロジェクト計画」は、あなたとステークホルダー、SME との間の契約と考えると良いでしょう。

　プロジェクトの詳細・成果物を文書化することで、キックオフミーティング中に合意されたことについて、最終的に確定させることができます。「プロジェクト計画」は、開発プロセス全体について一覧化し、関係者全員が自分の責任を確実に理解できるようにするのにも役立ちます。

よくある質問

スコープクリープとは何か?

　「スコープクリープ」は、プロジェクト開始後、プロジェクト全体のスコープの予期しない、制御できない、継続的な変更を意味するプロジェクトマネジメント用語です。

　スコープクリープは通常、ステークホルダーマネジメントが十分ではないこと、コミュニケーションが十分ではないこと、さらにはお互いの期待の整合性がとれていないことによって生じます。

　スコープクリープが解決しない場合、プロジェクト全体が危険にさらされたり、遅延が発生したり、不要なコンテンツや機能が含まれたりする可能性があります。

「プロジェクト計画」に含まれるものは?

　「プロジェクト計画」にはさまざまな形式があります。「プロジェクト計画」作成時に重要なのは、ステークホルダーや SME と合意したこと、そして彼らに対して説明責任を果たす必要がある事柄など、必要な情報を含めることです。

　計画には、プロジェクトにおいて達成しようとしていることと、プロジェクトから得られる成果について、誰でも理解できるような情報を含める必要があります。

プロジェクト計画

プロジェクト情報

プロジェクトタイトル	コンサルティングセールス 101
プロジェクトの説明	このプロジェクトは、セルフペースのオンデマンド・ラーニングコース開発と補足資料作成のために開始され、販売員が新しいコンサルティング型販売を採用するのに役立つ

役割と責任

オンデマンド・ラーニングデザイナー	Tim Slade、インストラクショナルデザイナー
プロジェクトのステークホルダー	Kate Morrison、カスタマーエクスペリエンス担当副社長
SME	Tripp Mckay、北米セールスマネージャー
	Rosalee Melvin、ヨーロッパセールスマネージャー
その他の貢献者	Aidyn Cody、LMS 管理者

プロジェクトの成果物

ターゲットオーディエンス	カスタマーサービスアソシエイツ
学習目標	このコースを完了すると、学習者は次のことができるようになる
	・ 5 段階のコンサルティング型販売フレームワークを適用して、潜在的な顧客を引きつける
	・ 自由形式の質問により、顧客のニーズを特定する
	・ 対象となる顧客に合わせた製品・サービスを提案する
成果物の説明	このプロジェクトの範囲には、以下の成果物が含まれる
	・ コンサルティング型販売フレームワークの立ち上げを発表する 3 週間の電子メールキャンペーン
	・ 5 段階のコンサルティング型販売フレームワークをカバーする 10 分間のオンデマンド・ラーニングコース
	・ 1 ページのジョブエイドは自由形式の質問例を一覧表示する
	・ 1 時間のワークショップ。学習者は、相談の手順を練習できる

実装と測定

プロジェクトのリスク / 制約	SME の利用可能性
成功の測定	第 3 四半期までに新規収益の売上 10%増加
	第 3 四半期までに顧客満足度スコア 15%増加
実装	メールキャンペーン:コミュニケーションチームによってスケジュールされ、送信される
	e ラーニングコース:学習管理システム内でホストされる
	ジョブ・エイド:セールスハブイントラネットに公開される
	ワークショップ:学習管理システム内でスケジュールされる

プロジェクト計画

プロジェクト情報

プロジェクトタイトル	コンサルティングセールス 101
プロジェクトの説明	このプロジェクトは、セルフペース*訳注のオンデマンド・ラーニングコース開発および補足資料作成のために開始され、販売員が新しいコンサルティング販売プログラムを採用するのに役立つ

オンデマンド・ラーニングデザイナー	Tim Slade、インストラクショナルデザイナー
プロジェクトのステークホルダー	Kate Morrison、カスタマーエクスペリエンス担当副社長
SME	Tripp Mckay、北米セールスマネージャー
	Rosalee Melvin、ヨーロッパセールスマネージャー
その他の貢献者	Aidyn Cody、LMS 管理者

プロジェクトの成果物

ターゲットオーディエンス	カスタマーサービスアソシエイツ
学習目標	このコースを完了すると、学習者は次のことができるようになる

- 5 段階のコンサルティング型販売フレームワークを適用して、潜在的な顧客を引きつける
- 自由形式の質問により、顧客のニーズを特定する
- 対象となる顧客に合わせた製品・サービスを提案する

成果物の説明	このプロジェクトの範囲には、以下の成果物が含まれる

- コンサルティング型販売フレームワークの立ち上げを発表する 3 週間の電子メールキャンペーン
- 5 段階のコンサルティング型販売フレームワークをカバーする 10 分間のオンデマンド・ラーニングコース
- 1 ページのジョブエイドは自由形式の質問例を一覧表示する
- 1 時間のワークショップ。学習者は、相談の手順を練習できる

実装と測定

プロジェクトのリスク / 制約	SME の利用可能性
成功の測定	第 3 四半期までに新規収益の売上 10％増加
	第 3 四半期までに顧客満足度スコア 15％増加

訳注：セルフペースとは、学習者自身が好きなタイミングに自分のペースで取り組むことを指しています。オンデマンド・ラーニングは、基本的に「セルフペース」ですが、まれに学習する日時や期限が設定されることもあり、計画に「セルフペース」と記載することで、その点を明確にしています。

基本的なプロジェクト情報

プロジェクトタイトル	プロジェクトまたはオンデマンド・ラーニングのコースのタイトルを明確にする。
プロジェクトの説明	プロジェクトの経緯、目標、成果物を含む、プロジェクトの概要を説明する。

What Do You Think?

「基本的なプロジェクト情報」に関して、他に「プロジェクト計画」に明記しておきたいことはありますか?

_____

_____

_____

_____

プロジェクト計画

プロジェクト情報

プロジェクトタイトル	コンサルティングセールス 101
プロジェクトの説明	このプロジェクトは、セルフベースのオンデマンド・ラーニングコース開発と補足資料作成のために開始され、販売員が新しいコンサルティング型販

役割と責任

オンデマンド・ラーニングデザイナー	Tim Slade、インストラクショナルデザイナー
プロジェクトのステークホルダー	Kate Morrison、カスタマーエクスペリエンス担当副社長
SME	Tripp Mckay、北米セールスマネージャー
	Rosalee Melvin、ヨーロッパセールスマネージャー
その他の貢献者	Aidyn Cody、LMS 管理者

学習目標	このコースを完了すると、学習者は次のことができるようになる • 5 段階のコンサルティング型販売フレームワークを適用して、潜在的な顧客を引きつける • 自由形式の質問により、顧客のニーズを特定する • 対象となる顧客に合わせた製品・サービスを提案する
成果物の説明	このプロジェクトの範囲には、以下の成果物が含まれる • コンサルティング型販売フレームワークの立ち上げを発表する 3 週間の電子メールキャンペーン • 5 段階のコンサルティング型販売フレームワークをカバーする 10 分間のオンデマンド・ラーニングコース • 1 ページのジョブエイドは自由形式の質問例を一覧表示する • 1 時間のワークショップ。学習者は、相談の手順を練習できる

実装と測定

プロジェクトのリスク / 制約	SME から得られる情報の利用可能性
成果の測定	第 3 四半期までに新規収益の売上 10%増加 第 3 四半期までに顧客満足度スコア 15%増加
実装	メールキャンペーン：コミュニケーションチームによってスケジュールされ、送信される e ラーニングコース：学習管理システム内でホストされる ジョブ・エイド：セールスハブイントラネットに公開される ワークショップ：学習管理システム内でスケジュールされる

関係者の役割と責任

オンデマンド・ラーニングデザイナー	自分だけの場合でも、プロジェクトの主要な設計者 / デザイナーを明記する。
プロジェクトのステークホルダー	プロジェクトのステークホルダーとスポンサーを明記する。
SME	コースの開発に関する専門知識を提供する SME を明記する。
その他の貢献者	プロジェクトに貢献している他の人（他のデザイナー、LMS 管理者など）を明記する。

What Do You Think?

「関係者の役割と責任」に関して、他に「プロジェクト計画」に明記しておきたいことはありますか?

_____

_____

_____

_____

_____

プロジェクト計画

プロジェクト情報

プロジェクトタイトル   コンサルティングセールス 101

プロジェクトの説明   このプロジェクトは、セルフペースのオンデマンド・ラーニングコース開発
                       と補足資料作成のために開始され、販売員が新しいコンサルティング型販
                       売を採用するのに役立つ

役割と責任

オンデマンド・ラーニングデザイナー   Tim Slade、インストラクショナルデザイナー

プロジェクトの成果物

ターゲットオーディエンス   カスタマーサービスアソシエイツ

学習目標   このコースを完了すると、学習者は次のことができるようになる

- 5 段階のコンサルティング型販売フレームワークを適用して、潜在的な顧客を引きつける

- 自由形式の質問により、顧客のニーズを特定する

- 対象となる顧客に合わせた製品・サービスを提案する

成果物の説明   このプロジェクトの範囲には、以下の成果物が含まれる

- コンサルティング型販売フレームワークの立ち上げを発表する 3 週間の電子メールキャンペーン

- 5 段階のコンサルティング型販売フレームワークをカバーする 10 分間のオンデマンド・ラーニングコース

- 1 ページのジョブエイドは自由形式の質問例を一覧表示する

- 1 時間のワークショップ。学習者は、相談の手順を練習できる

オンデマンド・ラーニングコース：学習管理システム内でホストされる
ジョブ・エイド：セールスハブイントラネットに公開される
ワークショップ：学習管理システム内でスケジュールされる

プロジェクトの成果物

ターゲットオーディエンス	コースの対象学習者（視聴者、利用者）の説明を明記する。
学習目標	学習目標やパフォーマンス目標を一覧表示する。
成果物の説明	プロジェクトから生じる各成果物を定義する。

What Do You Think?

「成果物」に関して、他に「プロジェクト計画」に明記しておきたいことはありますか?

_____

_____

_____

_____

_____

プロジェクト計画

プロジェクト情報

プロジェクトタイトル	コンサルティングセールス 101
プロジェクトの説明	このプロジェクトは、セルフベースのオンデマンド・ラーニングコース開発と補足資料作成のために開始され、販売員が新しいコンサルティング型販売を採用するのに役立つ

役割と責任

オンデマンド・ラーニングデザイナー	Tim Slade、インストラクショナルデザイナー
プロジェクトのステークホルダー	Kate Morrison、カスタマーエクスペリエンス担当副社長
SME	Tripp Mckay、北米セールスマネージャー
	Rosalee Melvin、ヨーロッパセールスマネージャー
その他の貢献者	Aidyn Cody、LMS 管理者

プロジェクトの成果物

ターゲットオーディエンス	カスタマーサービスアソシエイツ

実装と測定

プロジェクトのリスク / 制約	SME から得られる情報の利用可能性
成果の測定	第 3 四半期までに新規収益の売上 10％増加 第 3 四半期までに顧客満足度スコア 15％増加
実装^{*訳注}	メールキャンペーン：コミュニケーションチームによってスケジュールされ、送信される オンデマンドコース：LMS 内で公開される ジョブ・エイド：セールスハブイントラネットに公開される ワークショップ：LMS でスケジュールされる

実装と測定

プロジェクトのリスク / 制約	SME の利用可能性

訳注：このオンデマンド・ラーニングコースはセールスを対象としたもので、まずメールでの案内で利用を促進しようとしているため「メールキャンペーン」が予定されています。「ジョブエイド」とは、業務における情報一覧のようなものであり、日常的に使うものであるためイントラネットに置くことになっています。セールス中、コンサルティング中に利用してもらうことを想定しています。

「実装」と「測定」の計画

プロジェクトのリスク / 制約	プロジェクトの正常な配信と完了を妨げる可能性のあるリスク・制約の概要を示す。
成果の測定	コースの成果を測定する方法を定義する（特定の測定基準や類似のものであるケースも考えられる）。
実装	コースの実装方法の概要を明記する（例：コースは学習管理システム（LMS）を介して配信されるなど）。

What Do You Think?

「実装」と「測定」に関して、他に「プロジェクト計画」に明記したい情報はありますか?

_____

_____

_____

_____

プロジェクトの 「タイムライン」 を作成する

　オンデマンド・ラーニングプロジェクト（またはその他の学習プロジェクト）は、共通の目標に向かって取り組むために集まった複数の人々たちによって進められることになります。「プロジェクト計画」はプロジェクトの成果物についてステークホルダーや SME と共有するのに役立ちますが、プロジェクトの 「タイムライン」 は、すべての人がプロジェクトの成功に貢献していくために役立ちます。

　プロジェクトの 「タイムライン」 は、「プロジェクト計画」 と一緒に作成する必要があるものです。

　私は通常、「プロジェクト計画」 にプロジェクトの 「タイムライン」 を含めますが、読者のみなさんにわかりやすくお伝えするために、そしてオンデマンド・ラーニング開発プロセスにおける 「タイムライン」 の重要性を理解いただくために、本書では個別に説明します。

プロジェクトの 「タイムライン」 を作成する理由

　オンデマンド・ラーニングなどのプロジェクトには、「タイムライン」 が必要です。「タイムライン」は、ステークホルダーや SME とプロジェクトについて共有するために使用できる、もう1つのツールです。これは、ステークホルダーや SME が、プロジェクトの中身により深く関わる場合に、特に重要なものです。

プロジェクトの 「タイムライン」 を作成することで得られるもの

1

プロジェクトがいつ終了するか、オンデマンド・ラーニングコースを実装する準備が整う時間を設定できる

2

ステークホルダーが何を提供する責任があるのか、いつ提供する責任があるのかについて明確にする

3

プロジェクトの全体像を示し、SMEや関係者がオンデマンド・ラーニングコース開発のために必要なすべてのタスクを確認できるようになる

プロジェクトの「タイムライン」に含まれるもの

プロジェクトの「タイムライン」にはさまざまな形式がありますが、少なくとも、次のものが含まれます。

- プロジェクトの各マイルストーン（または成果物）の定義

- 各マイルストーン（または成果物）の責任者

- 各マイルストーン（または成果物）の完了予測

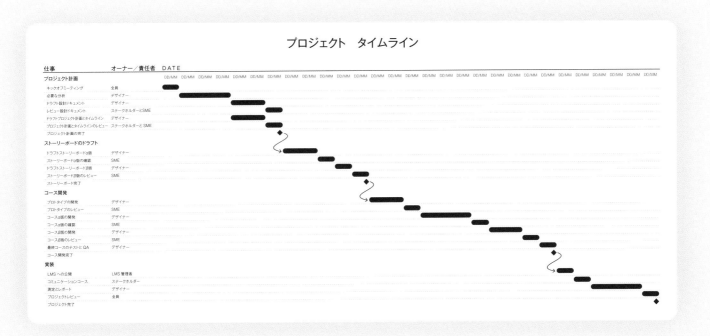

プロジェクト　タイムライン

仕事	オーナー／責任者	DATE							
プロジェクト計画		DD/MM	DD/MM	DD/MM	DD/MM	DD/MM	DD/MM	DD/MM	DD/MM
キックオフミーティング	全員								
必要な分析	デザイナー								
ドラフト設計ドキュメント	デザイナー								
レビュー設計ドキュメント	ステークホルダーとSME								
ドラフトプロジェクト計画とタイムライン	デザイナー								
プロジェクト計画とタイムラインのレビュー	ステークホルダーと SME								
プロジェクト計画の完了									

「プロジェクト計画」に関連するすべてのタスク、責任者、期日をリスト化する

これには既に費やした時間も含め、次のようなものをリスト化します。

- キックオフミーティングの実施

- ニーズ分析の実施

- 設計ドキュメントの作成

- ステークホルダーおよび SME による設計ドキュメントのレビュー / 承認

- 「プロジェクト計画」と「タイムライン」の起草

- ステークホルダーおよび SME による「プロジェクト計画」および「タイムライン」のレビュー / 承認

What Do You Think?

「プロジェクト計画」に関して、他に「タイムライン」に明記したいタスクはありますか?

_____

_____

_____

_____

_____

プロジェクト　タイムライン

仕事	オーナー／責任者	DATE
プロジェクト計画		
キックオフミーティング	全員	
必要な分析	デザイナー	
ドラフト設計ドキュメント	デザイナー	

ストーリーボードのドラフト

ドラフトストーリーボードα版	デザイナー	
ストーリーボードα版の確認	SME	
ドラフトストーリーボードβ版	デザイナー	
ストーリーボードβ版のレビュー	SME	
ストーリーボード完了		

プロトタイプのレビュー	SME	
コース前半の開発	デザイナー	
コース前半の確認	SME	
コース後半の開発	デザイナー	
コース後半のレビュー	SME	
最終コースのテストとQA	デザイナー	
コース制作完了		

実装

LMSへの公開	LMS管理者	
コミュニケーションコース	ステークホルダー	
検証とレポート	デザイナー	
プロジェクトレビュー	全員	
プロジェクト完了		

ストーリーボードのドラフトに関連するすべてのタスク、責任者、期日をリスト化する

これも、既に費やした時間も含めてリスト化します。

- ■ ストーリーボードα版のドラフト（最初のドラフト）

- ■ 関係者や SME におけるストーリーボードα版の確認／承認

- ■ ストーリーボードβ版のドラフト（2 番目のドラフト）

- ■ 関係者や SME におけるストーリーボードβ版の確認／承認

What Do You Think?

ストーリーボードのドラフトに関して、他に「タイムライン」に明記したいタスクはありますか？

_____

_____

_____

_____

プロジェクト　タイムライン

仕事	オーナー／責任者	DATE
プロジェクト計画		
キックオフミーティング	全員	
必要な分析	デザイナー	
ドラフト設計ドキュメント	デザイナー	
レビュー型設計ドキュメント	スティークホルダーとSME	
ドラフト プロジェクト日程とタイムライン	デザイナー	
プロジェクト日程とタイムラインのレビュー	ステークホルダーとSME	
プロジェクト計画の完了		

コース開発

プロトタイプの開発	デザイナー	
プロトタイプのレビュー	SME	
コースα版の開発	デザイナー	
コースα版の確認	SME	
コースβ版の開発	デザイナー	
コースβ版のレビュー	SME	
最終コースのテストと QA	デザイナー	
コース開発完了		

実施とレポート	デザイナー	
プロジェクトレビュー	全員	
プロジェクト完了		

コースの開発に関連するすべてのタスク、責任者、期日をリスト化する

これも、既に費やした時間も含めてリスト化します。

- コースのプロトタイプの開発

- ステークホルダーおよび SME におけるコースプロトタイプのレビュー／承認

- コースα版の開発（最初のドラフト）

- 関係者や SME におけるストーリーボードα版の確認／承認

- コースβ版の開発（第 2 ドラフト）

- 最終コースの品質保証（QA）チェックのテストと実施

What Do You Think?

コース開発に関して、他に「タイムライン」に明記したいタスクはありますか?

_____

_____

_____

_____

_____

プロジェクト　タイムライン

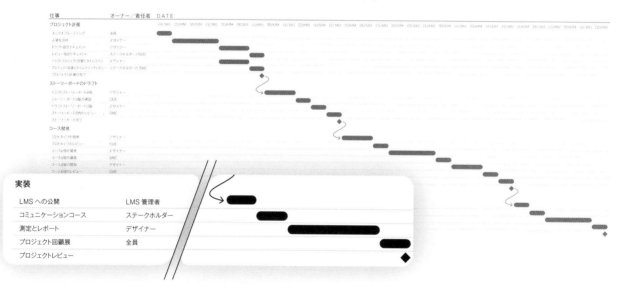

コースの実装に関連するすべてのタスク、責任者、期日をリスト化する

これも、既に費やした時間も含めてリスト化します。

- コースの学習管理システム（LMS）への公開

- コースについてのコミュニケーション

- コースの有効性の測定／報告

- プロジェクトのレビューの実施

What Do You Think?

コースの実装に関して、他に「タイムライン」に明記したいタスクはありますか？

_____

_____

_____

_____

_____

プロジェクトの「タイムライン」を作成するときに注意すること

成果物に焦点を 当てる	オンデマンド・ラーニングプロジェクトのスケジュールを作成するときは、すべてを明記することから始める。マイルストーンと成果物のリストをどの程度詳細にするかは自由だが、細かなプロセスよりも、実際の成果物に焦点を当てることを推奨する。たとえば、ストーリーボードのドラフトを複数配信する場合は、各ドラフトをタイムラインのアイテムとして明記する。
責任者を明確に 定義する	成果物全体のリストを作成したら、各アイテムの責任者を特定する。SME の関与レベルは過小評価されがちであるため、ここには特に注意を払いたい。各成果物の責任者を明確にすることで、プロジェクト関係者内において説明責任が生まれることになる。
現実的な期日を 割り当てる	すべての成果物・責任者をリスト化したうえで、各アイテムに期日を割り当てる。これは、できるだけ現実的な期日を設定するようにしたい。会議、休日、他のプロジェクト、他の人の空き状況は、プロジェクトのスケジュールに影響を与えることもある。 　ステークホルダーや SME が、タイムラインに記載された期日に同意しているかどうかの確認も必要である。 　期日に間に合わない場合は、それに応じてタイムラインを調整していく。

「プロジェクト計画」「タイムライン」作成には、どのツールを使用すると良い?

　自分に最適なツールを使用するのが良いでしょう。簡単なことから始めたい場合は、Microsoft Word を用いて作成することをお勧めします。より高度なものを使用したい場合は、プロジェクトのタイムライン作成・管理のために設計された Microsoft Project を試すことができるでしょう。

　その他、インターネットで「プロジェクト管理ソフト」と検索すると、無料・有料のプロジェクト管理ツールを見つけることができます。最適なものを選択してください。

オンデマンド・ラーニングコースを構築するのにどのくらい時間がかかるか?

　これは、業界内で定期的に話題になり、議論される質問です。

　通常、この質問は、企業の人材開発チームが、次のコースを展開するためにかかる時間と予算を必死に確保しようとしている場面で耳にします。インターネットで検索すると、このトピックについて、さまざまな興味深い研究、記事を見つけることができるでしょう。

　あなたは、私がどう思うのかを知りたいと考えるでしょうか。しかし私は、この議論はナンセンスであると考えます。重要なのは、これです──オンデマンド・ラーニングコースの開発にかかる時間は、現在直面しているさまざまな変数よって異なります。

- コンテンツはどのくらい複雑なもので、どれだけの種類が含まれるか?

- コースにどの程度のインタラクションが組み込まれているか?

- ストックグラフィックを使用しているのか? カスタムグラフィックを使用しているのか?

- 音声ナレーションがあるのか、それともテキストベースのコースなのか?

- コースの開発にどのツールを使用しているのか? ツールに関する専門知識はどの程度もっているのか?

- コースを確認する必要があるのは何人で、フィードバックを得るのにどれくらいの時間がかかるのか? またどの程度のフィードバックが予想できるのか?

　これらの要素は、コースの開発にかかる時間に大きな影響を与える可能性があります。したがって、「タイムライン」を作成するときは、各変数を考慮し、見積もりを行いましょう。時間の経過とともに、設計・開発に必要な時間をより正確に把握できるようになります。

CHAPTER 5

―――

学習をデザイン（設計）する

――――――――――――――――――――――

このChapterで探求するのは……

- ■ トレーニングコンテンツを収集する方法

- ■ 学習目標の書き方

- ■ ブレンディッド・ラーニングを設計する方法

――――――――――――――――――――――

NOTES

_____

_____

_____

_____

_____

_____

_____

_____

_____

_____

_____

_____

_____

_____

_____

_____

_____

_____

_____

CHAPTER 5

学習をデザイン（設計）する

設計前に、何を組み立てようとしているのかを知ろう

　この本の前半で、学習、特にオンデマンド・ラーニングの設計・開発が、家を建てるプロセスとよく似ていることを説明しました。マイホーム建築は、オーナーのニーズを理解することから始まります。これは、学習のニーズを明らかにするために、「ニーズ分析」を行うことによく似ています。そこから、建築家は設計図を作成します。これによって、オーナーは、建設が始まる前にマイホームについての希望を伝えることができます。

　では、オンデマンド・ラーニングを含むトレーニングを設計するときは、どうイメージすると良いのでしょうか。

　この本がオンデマンド・ラーニングだけに焦点を当てた本であれば、家の設計図によく似た「ストーリーボード」の作成に取りかかることになります。しかし、この本では、デザインに関するアプローチの全体像をお伝えしなければなりません。

　あなたがオンデマンド・ラーニングデザイナー、トレーナー、専門家、インストラクショナルデザイナーのいずれであっても、最高の成果をもたらす学習を設計するために検討可能な方法に当たることは、あなたの重要な仕事なのです。

　たしかに、「解決策」はオンデマンド・ラーニングのコースを作成することかもしれません。しかし、学習者に対するサポートやインストラクターによるワークショップなどにまで視野を広げることが、より良い学習デザインに欠かせないのです。

デザイン（設計）とは?

新しいトレーニングプロジェクト——特に大規模なトレーニングプログラム——を開始するとき、どのような成果をどのような手法によって得るかについて、詳細まで考え、ステークホルダーの合意を得るのは大変な仕事で、圧倒されてしまうこともあるでしょう。

これは、トレーニングのトピック、手法、対象とする学習者に関わらずに生じることです。

設計前に、何を組み立てるかを知ろう

避けるべきなのは、どのように取り組むかについて明確な計画を立てずに、開発プロセスに突入することです。「設計プロセス」をとおして、実際に何を構築するかに関する行動計画を把握しましょう。

「設計プロセス」が完了すると、次の質問に答えられるようになる

・トレーニングで、どのようなトピックをとりあげるのか?

・トレーニングを受ける学習者は誰か?

・トレーニングが完了すると、学習者は何ができるようになるのか?

・トレーニングはどのように提供されるのか?

・トレーニングはどのように測定されるのか?

これらの問いへの回答は、「ニーズ分析」で明らかになるのでは?

　もちろんです。ただし、「ニーズ分析」の目的は、「パフォーマンスの問題が起きている根本的な原因」と、「トレーニングが解決策になるかどうか」を判断することです。パフォーマンスの問題に対して、トレーニングによってどのように対処するのかを判断することが「ニーズ分析」の目的ではありません。

　「トレーニングが解決策である」と判断した場合、106 ページに挙げた質問に対する回答の一部は、「ニーズ分析」により、既に得られている可能性が高いでしょう。

What Do You Think?

「設計プロセス」において、他にどのような質問に答える必要がありますか?

_____

_____

_____

学習コンテンツを収集する

　トレーニングのデザインを開始するときは、その形式がどういうものであれ、学習コンテンツを収集することが最初のステップとなります。これは、トレーニングでとりあげるトピックを決める際の土台となるものです。

　インストラクショナルデザインやオンデマンド・ラーニングの設計にはじめて取り組む際に、よく誤解されることがあります。それは、対象分野の専門家（SME）は、トレーニングに必要なすべてのコンテンツを提供してくれるというものです。私自身、オンデマンド・ラーニングのキャリアの初期の頃に、この誤解によって、多くの時間を無駄にしていることに気づきました。

SME はオンデマンド・ラーニングが簡単にできあがる魔法をもっているわけではない

　事実として、SME は、文書化されたコンテンツやベストプラクティス、手順を知っているかもしれません。しかし、即座に学習者向けのオンデマンド・ラーニングができあがるような魔法があるとは期待しないでください。

　オンデマンド・ラーニングデザイナー、そして、インストラクショナルデザイナーとして、コンテンツを収集することに加えて、コンテンツを作成することも私たちの仕事なのです。

学習コンテンツを収集する方法

SME と話す	上記で、「学習コンテンツについて SME に頼るべきではない」と述べたが、しかし、SME は信頼できるリソースではないという意味ではない。学習コンテンツを整理・収集するときは、SME にインタビューする時間をとろう。彼らは、学習コンテンツに関して豊富な知識をもっており、数多くの情報・要望をあなたに伝えることだろう。ただし、彼らが話したことすべてを学習コンテンツとして含めるかどうかには検討が必要である。多くの場合、学習者にとって必ずしも必要ではない「知っておくと便利な情報」がたくさん含まれている。

「ベスト プラクティス」 を確認する	ベストプラクティスを確認し、コンテンツが既存のガイダンスや手順に沿っていることを確認する。多くの場合、提供された情報の間に不一致やギャップが存在するだろう。ベストプラクティスと今回の学習の間に不一致やギャップが存在する場合は、SME に相談し、修正していく必要がある。
「タスク分析」 を実施する	特定のステップ・手順を含むタスクに関するトレーニングを作成する場合、「タスク分析」が役に立つ。 　「タスク分析」は、学習者が行うべき各タスク・プロセスの体系を特定するための優れた方法である。これにより、学習者が実際に現場で行えるようになるために必要な学習目標を設定することができる。また、「タスク分析」によって、トレーニングのトピックをより理解できるようになる。
学習者と話し、 観察する	今回学習するトピック・手順について、すでに習熟しているメンバーの様子を観察するとともに、彼らと会話をする。彼らと会話をすることで、すでに習得している人々の経験からアイデアを引き出し、学習コンテンツに組み込むことができる。「観察」と「会話」は、学習コンテンツを収集する優れた方法の1つである。 　また、学習者と会話をすることで、学習者が直面している課題や、課題を克服するために何が必要なのかを理解できるようになる。

What Do You Think?

あなたは、学習コンテンツをどのように収集しますか?

_____

_____

_____

「タスク分析」はどう進めれば良いか?

「タスク分析」を行うための 3 つのステップを紹介します。

**主な手順を
特定する**

　「タスク分析」の最初のステップは、学習者に期待されている手順を特定すること。この際、手順を広げすぎないように注意する。中には、複数の手順に分割する必要があるケースもあるだろう。

　以下では、例として「毎日の財務監査」についての手順を見ていく。

❷

**「メインタスク」
を一覧化する**

　「タスク分析」の 2 つ目のステップは、手順を完了するための主要なタスク（メインタスク）を特定し、一覧化すること。これもまた、最初のステップと同じように広げすぎないようにするとともに、具体的なものになりすぎないように注意する。

　メインタスクとサブタスクを一覧化する際は、「動詞」による表現を用いて、各タスクで行う必要があることを明確にする。

　例「毎日の財務監査」の場合
　1. 日次財務レポートをダウンロードする
　2. 不正確な点については、日次財務レポートを確認する
　3. 不正確な点を担当者に報告する

❸

**「サブタスク」
を一覧化する**

　最後のステップは、「メインタスク」を「サブタスク」に分解すること。「サブタスク」とは、各タスクの詳細のことである。

　「毎日の財務監査」のメインタスク「1. 日次財務レポートをダウンロードする」を用いて、「サブタスク」に分解していく。

　1. 日次財務レポートをダウンロードする
　　A. 財務運用メインフレームにログインする
　　B. [日次レポートの実行] ボタンをクリックする
　　C. [日次レポートのダウンロード] ボタンをクリックする

　プロジェクトを開始するとき、コースに含めるべき情報・含めるべきではない情報は、常に明確であるとは限りません。特に、よく知らないトピック・プロセスについてのコースの場合、知っておくべき情報と不必要な情報をどのように区別すれば良いのでしょうか?

　この区別について、SME がサポートしてくれると思うかもしれませんが、実は彼らは、私たちが自分の専門分野について考えるのと同じように、「すべての学習者に多くの情報を提供したい」と考えていることが多いのです。

　しかし、この願いは非現実的であり、多くの場合、必要のない情報まで含まれることになります。

　学習者は、「期待されるレベルのパフォーマンスを発揮するために必要な最小限の情報」を欲しています。それでおしまい!　それ以上にもそれ以下にもならないよう注意しましょう。

学習者の知識習得ではなく、行動変容を目指す

　SME と協働する際は、彼らが「必要だ」と話すコンテンツついて検討していきましょう。「これを含める必要がありますか?」「この情報は重要ですか?」といった質問ではなく、次のような質問をしていきます。

- 学習者はこの情報をどのように用いて、タスクを完了できるのか?

- 学習者がこの情報を受け取らなかった場合はどうなるか?

- 学習者はこの情報を記憶する必要があるか?　参照できれば良いか?

What Do You Think?

知っておくと便利な情報を特定し、コースから取り除く方法として、他にどんなものがありますか?

――

――

――

学習目標を定義する

　学習コンテンツを収集し、並び替えた後に行うべきステップは、学習目標を定義することです。学習目標は、学習の最終的な結果を定義するものです。学習コンテンツの作成において、重要な役割を果たします。

学習目標で、学習の最終的な結果を定義する

　適切に設定された場合、学習目標は、プロジェクトの範囲を明確にし、学習内容として含めるべきコンテンツを判断する基準として機能します。また、学習目標を参照することで、最終的に学習に含めないコンテンツ（つまり、知っておくと便利な情報）を削除することができるようになるため、スコープクリープの回避にも役立ちます。さらには、学習目標は、学習コンテンツの有効性を測定する際にも役に立ちます。この点については、本書の後半で説明します。

　学習目標をいざ定義しようとした際に悩むのが、「どれだけの範囲で、どれだけ具体的にする必要があるか」です。本書では、2つのカテゴリの学習目標を設定します。

学習目標の2つのカテゴリ

最終目標	実現可能な目標
最終目標では、全体的な学習・パフォーマンスの結果を定義する。通常、最終目標では、プログラム全体における行動変容の成果を明確にする。	最終目標をより小さくブレイクダウンすると、実現可能で具体的な目標に分割される。こうした「実現可能な目標」は、プログラムにおける個々のコースにおいて使用される。

学習目標をどのように表現するのか?

　「学習目標は、トレーニングの終了後、学習者に何を知っていて欲しいか、何ができるようになっていて欲しいかを明らかにすれば良いのだから簡単ではないか」と思うかもしれません。しかし、正しく書き出すためのセオリーがあります。

　以下で紹介するフォーマットにしたがうことで、一貫性があって測定可能な学習目標を定義できるようになるでしょう。

学習目標には、次の 3 つの要素が含まれる

❶ 行動
トレーニングの結果、学習者にできるようになっていて欲しい行動

❷ 条件
アクションが完了する条件

❸ 基準
学習者が行動を完了することができる範囲

= 学習目標

What Do You Think?

　トレーニングを設計するときに学習目標を作成しますか?　作成しない場合、それはなぜですか? 学習目標を定義しようとすると、どのような苦労がありますか?

_____

_____

_____

_____

まず、行動を特定することから始めよう

　学習目標を設定する際は、通常、学習者にできるようになって欲しい行動・動作を表現する「動詞」を特定します。ここでのもっとも一般的なアプローチは、ブルームのタキソノミーを使用することです。これにより、学習目標を 6 つのレベルに分類できるようになります。

　また、「動詞」を選ぶときは、実際の行動の観察をとおして検討していきます。これにより、タスクの習熟度を検証することができるでしょう。

	レベル	説明	行動を表す動詞
1	記憶	事実を認識し、想起する	リストにする、定義する、伝える、説明する、識別する、表す、名づける、など
2	理解	事実の意味を理解する	説明する、表現する、話し合う、対比する、予測する、など
3	応用	事実、規則、概念、アイデアを応用する	デモンストレーションする、完了する、図解する、見せる、解決する、など
4	分析	情報を構成要素に分解する	分析する、選択する、識別する、注文する、関連づける、分類する、など
5	評価	情報やアイデアの価値を判断する	評価する、推奨する、決定する、ランク付ける、格付けする、テストする、など
6	創造	パーツを整理し、新しいものをつくる	生み出す、統合する、計画する、書き直す、デザインする、など

　具体的でない動詞、測定可能でない動詞は、避けましょう。たとえば、次のようなものです。「感謝する」「なる」「信じる」「成長する」「改善する」「知る」「学ぶ」「理解する」

次に、「条件」を決定する

　学習目標の「行動」を定義したら、次は「条件」を特定します。「条件」を設定することで、実際の状況に合わせて学習目標を調整することができます。言い換えれば、学習者がアクションを実行する条件について説明していきます。

最後に、「基準」を特定する

　学習目標の最後の要素は「基準」です。これは、学習者が実際に行う必要のあるタスクの範囲のことです。つまり、「基準」は「成果を測定するもの」と言い換えることができます。
　「基準」は定量的なものにします。特にソフトスキルなど、定性的で測定が難しいものは、学習目標から除外されることがあるかもしれません。
　理想的な「基準」は、学習中には測定できないようなパフォーマンスを評価できるものです。

What Do You Think?

　あなたが設定する学習目標には「条件」「基準」が含まれていますか？　含まれている場合、具体的な例を挙げてください。

_____

_____

_____

_____

学習目標を学習者と共有する必要はあるか?

多くの場合、学習は、「学習目標」の一覧が表示される、つまらないデザインの画面から開始します。こうすることで、学習者が取り組む内容を「理解」できるようにするのは良いことのように思えるかもしれませんが、本当にそうでしょうか。実際のところ、「学習目標」に目をとおすように強いることは、学習者にとっては退屈で、効果的ではなく、さらに言えば時間の無駄です。

代わりに、「コースがどのような価値を提供するか」を学習者に伝えましょう。

たとえば、アニメーションなどのストーリーで学習を開始するというアイデアが考えられます。具体的には、学習開始時に、より多くの製品が販売できるようになったり、業務にかかる時間を節約できるようになったりする方法を、ストーリーで示すのです。

「学習目標」は、効果的で測定可能な学習をデザインするために設定するものですが、それ以上でもそれ以下でもないのです。

学習目標の例

	行動	条件	基準

例1 このコースを完了すると、学習者は、80%以上の顧客満足度スコアを維持しながら、POSシステムを使用して 顧客との取引を完了する ことができます。

例2 このコースを修了すると、学習者は 旅費システムを使用して 、エラーなしで 経費報告書を提出できる ようになります。

例3 このコースを完了すると、学習者は オンラインのトラブルシューティングマニュアルを使用して 20分以内に 顧客の苦情を解決できる ようになります。

例4 このコースを完了すると、学習者は メモを使用せずに 、90%以上のスコアで 在庫管理を完了する ことができます。

学習の「仕様」を決定する

　新しいプロジェクトに取りかかる際は、誰が、どのように学習コンテンツを配信すべきかを確認します。それはオンデマンド・ラーニングのコースですか？　それとも集合型の研修ですか？　それは解説動画やマニュアル（手引き）ですか？

　正直なところ、私が教育・能力開発の世界でのキャリアをスタートした頃は、e ラーニングによってすべて対応可能だと思っていました。

効果的な学習プログラムを作成するために必要なことは？

　もちろん、それが間違いであることは明らかです。ここまでも述べてきたように、「学習」は、研修会場やオンデマンド・ラーニングの画面上で起きる1つのプロセスではありません。「学習」は、ある期間にわたって発生する「経験のプロセス」を意味します。

　そのため、学習は、あるものと別のもののどちらかを選ぶというものではないのです。「オンデマンド・ラーニング」か「集合型研修」か、「動画」か「マニュアル」か、ではありません。効果的な学習は、長期にわたる学習プロセスを促進できるような経験がブレンドされたものなのです。

　この本は、主にオンデマンド・ラーニングコンテンツの設計・開発に焦点を当てています。しかし、それと同時に、オンデマンド・ラーニング以外の手法はもちろんのこと、オンデマンド・ラーニングを含めたブレンディッド・ラーニングをデザインする方法について理解することも重要なのです。

そもそもなぜオンデマンド・ラーニングを選んだのか?

ブレンディッド・ラーニングをデザインする方法を紹介する前に、「なぜオンデマンド・ラーニングを選んだのか」を認識し、理解することが重要です。

オンデマンド・ラーニングにはたくさんのメリットがあります。ただし、メリットを享受しているのが必ずしも学習者であるとは限りません。

多くの場合、オンデマンド・ラーニングは、学習者のためではなく、組織のために望ましい仕様として選ばれています。

オンデマンド・ラーニングのメリットとは?

組織にとってのメリット	学習者にとってのメリット
■ オンデマンド・ラーニングは、LMS を介して、進捗状況を追跡できる	■ オンデマンド・ラーニングは、都合の良い時間と場所で受講できる
■ オンデマンド・ラーニングは、一度作成すると複数の学習者に提供できる	■ オンデマンド・ラーニングによって、安全かつ準備された環境でスキルを練習できる
■ オンデマンド・ラーニングは、同じコンテンツ・メッセージを提供できる	■ オンデマンド・ラーニングは、必要に応じて何度もくり返し受講できる

What Do You Think?

あなたやあなたの組織がオンデマンド・ラーニングを採用しようと思った**理由**はどんなものですか? 上記のアイデアと比較してみましょう。

_____

_____

_____

ブレンディッド・ラーニングをデザインする

　幸い、ブレンディッド・ラーニングのデザインは、あなたがイメージするよりもはるかに簡単です。達成したい「学習成果」を特定し、それらをさまざまな学習方法と組み合わせるだけです。

　ポイントは、学習目標に基づいたものにすること。学習目標に立ち戻って考えることで、学習を通じて何を達成する必要があるのかが明らかになり、どのような学習方法を選べば良いかを考えるうえでのヒントを与えてくれます。

ブレンディッド・ラーニングのデザインは、「学習成果」を特定し、さまざまな学習方法と組み合わせること

　たとえば、ある新しいソフトウェアに関する学習コンテンツを作成することになったとします。この時、オンデマンド・ラーニングコースを1つ作成し、「これを学べば学習者が知るべきことを覚えてくれるだろう」と考えるかもしれません。しかし、学習プロセスをサポートするために、複数の方法を組み合わせたブレンディッド・ラーニングをデザインすることもできます。

What Do You Think?

上記のようにブレンディッド・ラーニングをデザインするにはどうすれば良いと思いますか?

_____

_____

_____

ブレンディッド・ラーニングをデザインしよう

　ブレンディッド・ラーニングをデザインする際は、考えられる「学習成果」について、「すべて」とまではいかないとしても、それらのほとんどに対して「どのように取り組むか」を特定する必要があります。

　最終的にできあがる学習コンテンツ、トピックは、目標とする習熟度によって異なります。

　中には、知識の伝達だけで良い場合もあるでしょう。これは、1つの方法による学習で十分に事足ります。しかし、実際は、知識を伝えるだけでは十分ではなく、2つ以上の方法の学習が必要になる場合もあるのです。

学習成果	トレーニング方法

知識の伝達

- レクチャー／プレゼンテーション
- 解説動画
- インフォグラフィック
- ジョブエイド(業務マニュアル)
- 記事／ブログ
- コミュニケーション
- ポッドキャスト
- グループディスカッション
- 観察
- その他

タスク・行動の実践

- ロールプレイ
- デジタルシナリオ
- システムシミュレーション
- 意思決定ベースのクイズ
- 試行錯誤
- その他

学習成果	トレーニング方法	
 **タスク・動作の適用**	■ システムシミュレーション ■ 職場での実践 ■ 観察	■ コーチングとフィードバック ■ その他
 知識・パフォーマンスの評価	■ 知識ベースのクイズ ■ 意思決定に基づくクイズ ■ パフォーマンス評価	■ 観察 ■ KPI ■ その他
 現場での パフォーマンス のサポート	■ 仕事のサポート ■ オンライン上のリソース ■ 配布資料 ■ 説明動画	■ 記事／ブログ ■ システム内プロンプト ■ ベストプラクティスの共有 ■ その他

ブレンディッド・ラーニングと学習のリテンション（定着）

　この本の前半で、学習は、イベントではなく「プロセス」であることをお伝えしました。つまり、オンデマンド・ラーニングコースを修了したからといって、ワークショップに参加したからといって、学習者がスキルを習得したわけではないのです。

　学習が単発のイベントとして設定されている場合であっても、学習直後は記憶に残り、スキルを身につけられているかもしれません。しかし、そのイベントが終わり、日常生活・日常業務に戻ると、そこから忘却曲線が始まることになります。学習者は、トレーニング中に練習したことを忘れ始めるのです。おそらく、あなたがその現実を知る前に、学習したことのすべてが失われていくのです……。

ブレンディッド・ラーニングで復習・サポートの機会を提供する

　一方、間隔を空けたブレンデッド・ラーニングによって、復習とサポートの機会を提供することで、忘却曲線に抗うことができます。ここでは、作業計画、動画、コーチング、フィードバック、その他、トレーニング中に学んだ知識・スキルを復習するあらゆるタイプの学習形式が考えられます。

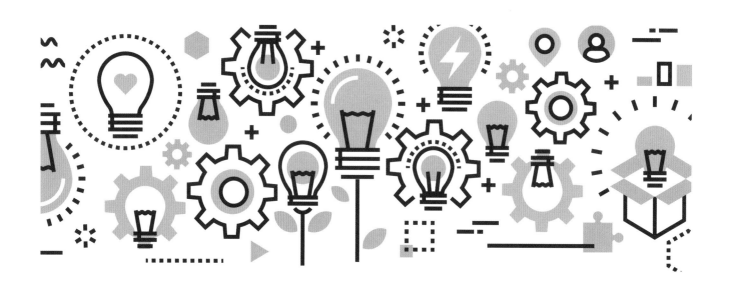

単発・1回だけの
トレーニング

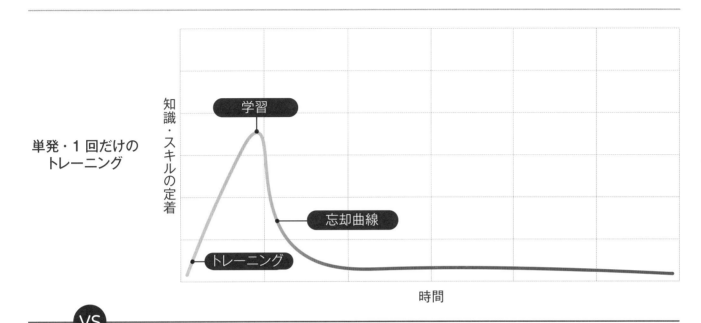

複合的・定期的な
トレーニング

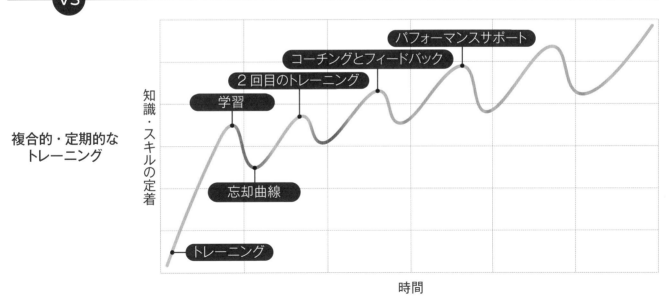

「設計ドキュメント」を作成する

　学習コンテンツを収集し、学習目標を定義し、トレーニング方法を決定したら、次のステップとして、ステークホルダーとSMEの合意を得ます。最初に全員の認識をすり合わせることなく、開発に進むことは避けましょう。

　ここでは、計画を「設計ドキュメント」に整理していきます。

「設計ドキュメント」は、学習カリキュラムの概要をまとめたもの

「設計ドキュメント」に記載することは?

「設計ドキュメント」にはさまざまな形式がありますが、次の事柄について記載する必要があります。

- トピック
- 対象者
- 学習目標
- 学習の仕様（モダリティ）
- 各トピック／学習目標に対する評価

設計ドキュメント

トピック	対象者	学習目標	仕様（モダリティ）	評価
新しいコンサルティング型販売のフレームワークの紹介	すべての最前線の営業担当者とリーダー	この電子メールを受信した後、営業担当者とリーダーは次のことができるようになる • 新しいコンサルティング型販売のフレームワークの目的と、それがいつ開始されるかを説明する	3 週間のメールキャンペーン	メールの開封率とクリック率
顧客へのあいさつ	セールスクローズ率が 50％を超える最前線の営業担当者	この動画を視聴し、関連する業務マニュアルを読むと、営業担当者は次のことができるようになる • パーソナライズされたあいさつ	解説動画と業務マニュアル	顧客満足度調査、質問 2 re：greeting
ソリューションを構築して提案する	セールスクローズ率が 50％を超える最前線の営業担当者	このオンデマンド・ラーニングコースを完了すると、営業担当者は次のことができるようになる • 自由形式の質問 • ソリューションを構築して顧客に提案する • 顧客のクレームに対応する	自習型オンデマンド・ラーニング	成約率と顧客満足度調査結果
ニーズを探る質問	セールスクローズ率が 50％を超える最前線の営業担当者	このマニュアルを参照すると、営業担当者は次のことができるようになる • 顧客とやりとりにおいて、ニーズを探る質問をする	業務マニュアル	クリック率
全体的なコンサルティング型販売のフレームワーク	セールスクローズ率が 50％未満の最前線の営業担当者	この対面ワークショップに参加した後、営業担当者は次のことができるようになる • 顧客と対話する際のコンサルティング型販売のフレームワークの 5 つのステップを理解し、実践する	対面ワークショップ	成約率と顧客満足度調査結果
リーダーを対象としたコーチングとフィードバック	すべての営業リーダー	この対面ワークショップに参加した後、営業リーダーは次のことができるようになる • 1 対 1 の MTG において、営業担当者にコーチングと実用的なフィードバックを提供する	対面ワークショップ	成約率と顧客満足度調査結果
販売効果を測定する方法	すべての営業リーダー	このマニュアルを参照した後、営業リーダーは次のことができるようになる • 販売データを調査・分析して、販売員に効果的なコーチング・フィードバックを提供する	マニュアル	クリック率

トピック

新しいコンサルティング型販売のフレームワークの紹介

顧客へのあいさつ

ソリューションを構築して提案する

ニーズを探る質問

全体的なコンサルティング型販売のフレームワーク

リーダーを対象としたコーチングとフィードバック

販売効果を測定する方法

設計ドキュメント

対象者	学習目標	仕様（モダリティ）	評価
すべての最前線の営業担当者とリーダー	この電子メールを受信した後、営業担当者とリーダーは次のことができるようになる ・ 新しいコンサルティング型販売のフレームワークの目的と、それがいつ開始されるかを説明する	3週間のメールキャンペーン	メールの開封率とクリック率
セールスクローズ率が50%を超える最前線の営業担当者	この動画を視聴し、関連する業務マニュアルを読むと、営業担当者は次のことができるようになる ・ パーソナライズされたあいさつ	解説動画と業務マニュアル	顧客満足度調査、質問2 re: greeting
セールスクローズ率が50%を超える最前線の営業担当者	このオンデマンド・ラーニングコースを完了すると、営業担当者は次のことができるようになる ・ 自由形式の質問 ・ ソリューションを構築して顧客に提案する ・ 顧客のクレームに対応する	自習型オンデマンド・ラーニング	成約率と顧客満足度調査結果
セールスクローズ率が50%を超える最前線の営業担当者	このマニュアルを参照すると、営業担当者は次のことができるようになる ・ 顧客とやりとりにおいて、ニーズを探る質問をする	業務マニュアル	クリック率
セールスクローズ率が50%超の最前線の営業担当者	この対面ワークショップに参加した後、営業担当者は次のことができるようになる ・ 顧客と対話する際のコンサルティング型販売のフレームワークの5つのステップを理解し、実践する	対面ワークショップ	成約率と顧客満足度調査結果
すべての営業リーダー	この対面ワークショップに参加した後、営業リーダーは次のことができるようになる ・ 1対1のMTGにおいて、営業担当者にコーチングと実用的なフィードバックを提供する	対面ワークショップ	成約率と顧客満足度調査結果
すべての営業リーダー	このマニュアルを参照した後、営業リーダーは次のことができるようになる ・ 販売データを調査・分析して、販売員に効果的なコーチング・フィードバック提供をする	マニュアル	クリック率

対象者

すべての最前線の営業担当者とリーダー

設計ドキュメント

トピック			仕様（モダリティ）	評価
新しいコンサルティン 販売のフレームワーク 介	セールスクローズ率が 50%を超える最前線の営業担当者	信した後、営業担当者とリーダーは次のことができるようにな ルティング型販売のフレームワークの目的と、それがいつ開始 明する	3 週間のメールキャンペーン	メールの開封率とクリック率
顧客へのあいさつ	セールスクローズ率が 50%を超える最前線の営業担当者	関連する業務マニュアルを読むと、営業担当者は次のこと ズされたあいさつ	解説動画と業務マニュアル	顧客満足度調査。質問 2 re：greeting
ソリューションを構築し 提案する		ラーニングコースを完了すると、営業担当者は次のことができ 質問 ンを構築して顧客に提案する ムに対応する	自習型オンデマンド・ラーニング	成約率と顧客満足度調査結果
ニーズを探る質問	セールスクローズ率が 50%を超える最前線の営業担当者	照すると、営業担当者は次のことができるようになる リにおいて、ニーズを探る質問をする	業務マニュアル	クリック率
全体的なコンサルティ 型販売のフレームワーク	セールスクローズ率が 50%未満の最前線の営業担当者	ップに参加した後、営業担当者は次のことができるようになる する際のコンサルティング型販売のフレームワークの 5 つのス し、実践する	対面ワークショップ	成約率と顧客満足度調査結果
リーダーを対象とした チングとフィードバック		ップに参加した後、営業リーダーは次のことができるようにな TG において、営業担当者にコーチングと実用的なフィードバッ	対面ワークショップ	成約率と顧客満足度調査結果
販売効果を測定する方法	すべての営業リーダー	照した後、営業リーダーは次のことができるようになる を調査・分析して、販売数に効果的なコーチング・フィードバッ	マニュアル	クリック率
	すべての営業リーダー			

学習目標

この電子メールを受信した後、営業担当者とリーダーは次のことができるようになる

- 新しいコンサルティング型販売のフレームワークの目的と、それがいつ開始されるかを説明する

この動画を視聴し、関連する業務マニュアルを読むと、営業担当者は次のことができるようになる

- パーソナライズされたあいさつ

トピック	対象者		評価
新しいコンサルティング型販売のフレームワークの紹介	すべての儀前線のリーダー		メールの開封率とクリック率
顧客へのあいさつ	セールスクロージ超える最前線の営		顧客満足度調査. 質問2 re:greeting
ソリューションを構築して提案する	セールスクロージ超える最前線の営		成約率と顧客満足度調査結果
ニーズを探る質問	セールスクロージ超える最前線の営		クリック率
全体的なコンサルティング型販売のフレームワーク	セールスクロージ未満の最前線の営		成約率と顧客満足度調査結果
リーダーを対象としたコーチングとフィードバック	すべての営業リー		成約率と顧客満足度調査結果
販売効果を測定する方法	すべての営業リー		クリック率

このオンデマンド・ラーニングコースを完了すると、営業担当者は次のことができるようになる

- 自由形式の質問
- ソリューションを構築して顧客に提案する
- 顧客のクレームに対応する

このマニュアルを参照すると、営業担当者は次のことができるようになる

- 顧客とやりとりにおいて、ニーズを探る質問をする

この対面ワークショップに参加した後、営業担当者は次のことができるようになる

- 顧客と対話する際のコンサルティング型販売のフレームワークの5つのステップを理解し、実践する

この対面ワークショップに参加した後、営業リーダーは次のことができるようになる

- 1対1のMTGにおいて、営業担当者にコーチングと実用的フィードバックを提供する

このマニュアルを参照した後、営業リーダーは次のことができるようになる

- 販売データを調査・分析して、販売員に効果的なコーチング・フィードバック提供する

仕様（モダリティ）

3週間のメールキャンペーン

設計ドキュメント

トピック	対象者	学習目標	
新しいコンサルティング型販売のフレームワークの紹介	すべての看前修の営業担当者とリーダー	この撃子メールを受信した後、営業担当者とリーダーは次のことができるようになる ・ 新しいコンサルティング型販売のフレームワークの目的と、それがいつされるかを説明する	パブリック率
		解説動画と業務マニュアル	
顧客へのあいさつ	セールスクローズ率が50%を超える最前線の営業担当者	この動画を視聴し、関連する業務マニュアルを読むと、営業担当者は次のことができるようになる ・ パーソナライズされたあいさつ	質問2
		自習型オンデマンド・ラーニング	
ソリューションを構築して提案する	セールスクローズ率が50%を超える最前線の営業担当者	このオンデマンド・ラーニングコースを完了すると、営業担当者は次のことができるようになる ・ 自由形式の質問 ・ ソリューションを構築して顧客に提案する ・ 提案のクレームに対応する	資調査結果
ニーズを探る質問	セールスクローズ率が50%を超える最前線の営業担当者	このマニュアルを参照すると、営業担当者は次のことができるようになる ・ 顧客とやりとりにおいて、ニーズを探る質問をする	
		業務マニュアル	
全体的なコンサルティング型販売のフレームワーク	セールスクローズ率が50%未満の最前線の営業担当者	この対面ワークショップに参加した後、営業担当者は次のことができるように ・ 顧客と対話する際のコンサルティング型販売のフレームワークの5つのテップを理解し、実践する	資調査結果
		対面ワークショップ	
リーダーを対象としたコーチングとフィードバック	すべての営業リーダー	この対面ワークショップに参加した後、営業リーダーは次のことができるようになる ・ 1対1のMTGにおいて、営業担当者にコーチングと実用的なフィードバックを提供する	資調査結果
		対面ワークショップ	
販売効果を測定する方法	すべての営業リーダー	このマニュアルを参照した後、営業リーダーは次のことができるようになる ・ 販売データを調査・分析して、販売員に効果的なコーチング・フィードバックを提供する	
		マニュアル	

設計ドキュメント

トピック	対象者	学習目標	仕様（モダリティ	評価
				メールの開封率とクリック率
新しいコンサルティング型販売のフレームワークの紹介	すべての最前線の営業担当者とリーダー	この確子メールを受信した後、営業担当者とリーダーは次のことができるようになる ・ 新しいコンサルティング型販売のフレームワークの目的と、それがいつ開始されるかを説明する	3週間のメールキャンペーン	
顧客へのあいさつ	セールスクローズ率が50%を超える最前線の営業担当者	この動画を視聴し、関連する業務マニュアルを読むと、営業担当者は次のことができるようになる ・ パーソナライズされたあいさつ	解説動画と業務マニュアル	顧客満足度調査、質問2 re：greeting
ソリューションを構築して提案する	セールスクローズ率が50%を超える最前線の営業担当者	このオンデマンド・ラーニングコースを完了すると、営業担当者は次のことができるようになる ・ 自由形式の質問 ・ ソリューションを構築して顧客に提案する ・ 顧客のクレームに対応する	自習型オンデマンド・ラーニング	成約率と顧客満足度調査結果
ニーズを探る質問	セールスクローズ率が50%を超える最前線の営業担当者	このマニュアルを参照すると、営業担当者は次のことができるようになる ・ 顧客とやりとりにおいて、ニーズを探る質問をする	業務マニュアル	クリック率
全体的なコンサルティング型販売のフレームワーク	セールスクローズ率が50%未満の最前線の営業担当者	この対面ワークショップに参加した後、営業担当者は次のことができるようになる ・ 顧客と対話する際のコンサルティング型販売のフレームワークの5つのステップを理解し、実践する	対面ワークショップ	成約率と顧客満足度調査結果
リーダーを対象としたコーチングとフィードバック	すべての営業リーダー	この対面ワークショップに参加した後、営業リーダーは次のことができるようになる ・ 1対1のMTGにおいて、営業担当者にコーチングと実用的なフィードバックを提供する	対面ワークショップ	成約率と顧客満足度調査結果
販売効果を測定する方法	すべての営業リーダー	このマニュアルを参照した後、営業リーダーは次のことができるようになる ・ 販売データを調査・分析して、販売後に効果的なコーチング・フィードバックを提供する	マニュアル	クリック率

NOTES

CHAPTER 6

「ストーリーボード」を作成する

この Chapter で探求するのは……

- ■ 「コース概要」の作成方法
- ■ さまざまなタイプの「ストーリーボード」
- ■ 「ストーリーボード」を作成する方法

NOTES

_____

_____

_____

_____

_____

_____

_____

_____

_____

_____

_____

_____

_____

_____

_____

_____

_____

_____

CHAPTER 6

「ストーリーボード」を作成する

「ストーリーボード」とは何か?

これまでに「ニーズ分析」を実施し、コンテンツを収集し、「設計ドキュメント」を作成しました。これで、オンデマンド・ラーニングコースの開発を開始する準備が整いました。

さて、何から開発を始めましょうか。

オンデマンド・ラーニングコースの作成を任されている場合(特にはじめて取り組む場合)、「どこから始めれば良いのか」と混乱することがあるかもしれません。

私も、はじめて e ラーニングコースの作成を始めた時のことを覚えています。コンピューターの前に座り、「次に何をすべきか」がさっぱりわからずにいました。「Word でコンテンツの下書きを作成することから始める?」「PowerPoint を開いてスライドの作成を始める?」一体何から始めればいいのか、途方に暮れていたのです。

あなたが、オンデマンド・ラーニングをはじめて開発する場合、同じ問題が起きるかもしれません。

私の場合、数時間、「どこから始めれば良いのだろうか……」と考えた後、「学習コンテンツの作成から始めよう」と思い至りました。「コンテンツ・ファースト」の戦略をとるべきだと考えたのです。しかし、それは誤りでした。

通常、コース全体を設計し、そのうえで学習コンテンツに関連したスライドを作成します。その逆ではありません。これは、「ストーリーボードの作成」に取り組むという意味です。

「ストーリーボード」を作成することから始めよう

　これまでも、「オンデマンド・ラーニングの設計・開発」と、「家の設計・建設」を比べてきました。建築家は、家の設計図を作成する前に、ニーズを把握するために、クライアントと時間を過ごす必要があるでしょう。ベッドルームとバスルームはいくつ必要なのか。車のガレージは何台分必要なのか。モダンなデザインを好むのか、伝統的なものを好むのか……。

「ストーリーボード」は、オンデマンド・ラーニングの設計図

　建築家は、クライアントのニーズを十分に理解したら、設計図を作成し、新しい家がどのようなものになるかをクライアントに示します。ここで、建設が始まる前に設計図を見ることは、クライアントにとってどのような価値があるのでしょうか？　多くの建築家が、クライアントのニーズを確認した後、すぐに家の建設を始めようとするのはなぜでしょうか？

　答えは非常に簡単です。設計図を見ると、クライアントは、家を建てる前に変更を加えたいと思うかもしれません。キッチンを移動したり、寝室を追加したりしたい場合はどうなりますか？　いったん建設を始めてしまった後に大幅な変更を加えることは、決して簡単なことではありません。ただし、紙に描いたシンプルな絵であれば、いくらでも変更できます。

　同じことが、オンデマンド・ラーニングのコース設計にも当てはまります。

よくある質問

開発に直接進むのではなく、「ストーリーボード」から始めるのはなぜ？

　ステークホルダーやSMEと協働している場合、彼らはコースの開発に関与したいと思うでしょう（実際にそうであるべきです）。ただし、彼らは、1回の編集・修正がコース全体にどれほど大きな影響を与える可能性があるかを理解していない可能性が高いため、急いで開発に進むことは望ましくありません。

　たとえば、開発後の分岐シナリオ機能に変更を加える作業には多くの時間を要することになるかもしれません。ただし、紙の上、つまり、「ストーリーボード」上にある分岐シナリオであれば、テキストを移動したり、書き直したりするだけで済みます。

　このような事情があるからこそ、開発に移行する前の「ストーリーボード」の段階で、できるだけ多くのコンテンツを完成させることをお勧めします。

「ストーリーボード」とは?

　「ストーリーボード」は、スライドや画面ごとに、学習コンテンツの概要を説明する文書です。
　「ストーリーボード」の目的は、ステークホルダーとSMEに、コースの流れとコンテンツの表示方法のプレビューを共有することです。「ストーリーボード」を使用することで、担当者は、開発を開始する前に、コースの内容を編集・変更できるようになります。

「ストーリーボード」を作成するメリット

コンテンツに
注目できる

ステークホルダー・SME
との協働がスムーズになる

フィードバック・編集を
迅速に組み込める

What Do You Think?

　「ストーリーボード」を作成することから開発を始めることは、あなたの仕事にどのように役立ちますか?

_____

_____

_____

_____

「コース概要」を作成する

　「ストーリーボード」の作成に取りかかるのには、課題があります。学習コンテンツが積み上げられている中で、どこから始めればいいのかわからず、圧倒されてしまうのです。

　あなたは、一体何から始めますか?

　「ストーリーボード」のドラフトを作成する前に、「コース概要」（アウトライン）を作成することをお勧めします。「コース概要」を作成すると、コンテンツがどのように構成され、あるトピックから別のトピックにどのように流れるかが視覚化されます。これは、インタラクティブにしたいコンテンツや、ビジュアル的に見せたいコンテンツを特定する機会にもなります。

　「ストーリーボード」の作成に取りかかる前に、「コース概要」を関係者や SME に共有します。そうすることで、方向性が間違っていないかどうかを確認することができるでしょう。

よくある質問

「コース概要」を作成するにはどうすれば良いか?

　「コース概要」は、シンプルで編集しやすいものにすることをお勧めします。私は付せんやマーカー、ホワイトボードを利用します。

① 各トピックを一覧表示
　コースでとりあげるトピックを「メイントピック」と「サブトピック」ごとに付せんで一覧化する。

② インタラクティブにしたいコンテンツを特定する
　インタラクティブ機能を組み込む予定がある場合、どのコンテンツで用いるかをわかるようにする。この場合のインタラクティブ機能とは、知識のチェック、シナリオ、クリックして表示するスライドなどが含まれる。

③ フローを整理する
　最後に、付せんを整理し、各トピックとインタラクティブ機能がどのように流れるかを一覧にする。必要に応じて、メインメニューを示す付せんを追加し、分岐の流れを示す矢印を書き加えると良い。

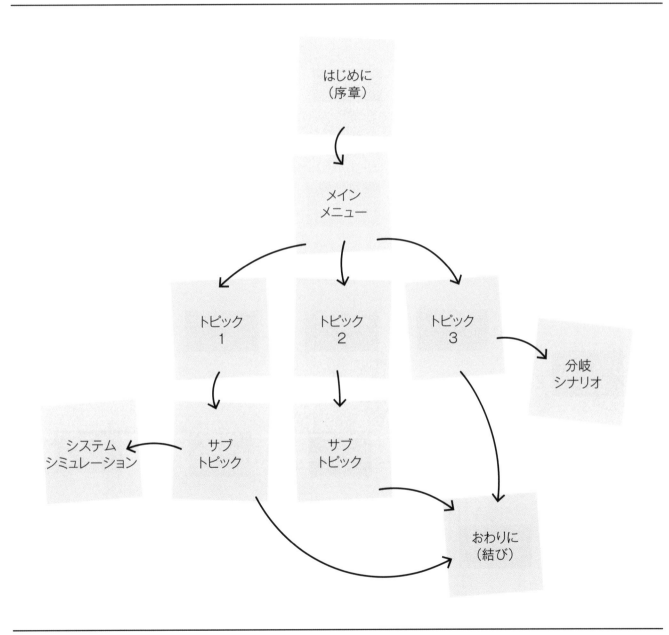

はじめに
（序章）

メイン
メニュー

トピック
1

トピック
2

トピック
3

分岐
シナリオ

システム
シミュレーション

サブ
トピック

サブ
トピック

おわりに
（結び）

「ストーリーボード」の形式を選択する

　「ストーリーボード」の作成を始める前に、まず形式を選択する必要があります。「ストーリーボード」にはさまざまな形式があり、それぞれに長所と短所があります。

「ストーリーボード」の形式は、状況に応じて選択する

　「ストーリーボード」は、コースの開発に役立つだけでなく、関係者や SME と一緒にレビューする際にも効果的なツールです。家を建てる時に設計図をつくるように、オンデマンド・ラーニングで「ストーリーボード」を作成する目的は、開発に取り組む前に、関係者全員が完成イメージを理解し、合意を得ることです。

　通常、「ストーリーボード」は、テキストによるものとビジュアルによるもののいずれかの形式をとります。どちらが適切かは状況によって異なります。

「ストーリーボード」の2つの種類

テキストストーリーボード

　コンテンツの概要をスライド（または画面）ごとに文章の説明で示す。各スライドの音声ナレーションの概要を示す一覧表と、画面上のグラフィック、テキスト、技術的な機能が含まれる。

ビジュアルストーリーボード

　コンテンツの概要をスライド（または画面）ごとに示す。シンプルなオブジェクトを使用した完成イメージを示すことで、各スライドがどのように配置されるかが大まかにわかるようにする。

What Do You Think?

あなたならどちらの形式の「ストーリーボード」を作成しますか？　その理由は？

_____

_____

_____

「テキストストーリーボード」を使用するケース

　「テキストストーリーボード」は、コースの内容と流れに焦点を当てる場合に用いると良いでしょう。「テキストストーリーボード」のメリットは、簡単に編集できることです。開発が進んだ後で、分岐シナリオの機能を編集する場合、非常に多くの時間がかかるかもしれません。しかし、紙の上であれば、テキストを移動したり、書き直したりするだけで、簡単に変更を加えることができます。

テキストストーリーボード

スライド 01 - はじめに

音声ナレーション

コンサルティング型販売のフレームワークのコースへようこそ。
このコースでは、お客さまとコミュニケーションをとり、お客さまのニーズに合わせたソリューションを提供する方法を学んでいきます。

画面上のグラフィックとテキスト

テキスト：
コンサルティング型販売 101
グラフィック：
男性 1 人と女性 1 人
ボタン：
開始

テクニカルノート

学習者は [開始] ボタンをクリックしてコースメニューに進みます。

スライド 02 - メインメニュー

音声ナレーション

このコース全体をとおして、コンサルティング型販売のフレームワークの 5 つのステップについて、学ぶことができます。加えて、実際の状況、シーンに応じたスキルの実践も行っていきます。
コンサルティング型販売のスキルレベルを引き上げる方法を学び始めるには、下のメニューからトピックを選択してください。

画面上のグラフィックとテキスト

テキスト：
以下のメニューからトピックを選択して、コンサルティング型販売のフレームワークについて、詳細をご覧ください。
ボタン：
お客さま
コミュニケーションの基本
信頼関係の構築
ソリューションの案
クロージング

テクニカルノート

学習者はメニュー項目をクリックして、各セクションにジャンプします。
各セクションの学習を完了すると、メインメニューに戻り、各項目がチェックされます。
すべてのアイテムの学習が終わったら、最後のセクションに進むことができます。

スライド 03 - お客さま

音声ナレーション

私たちは、さまざまなタイプの顧客に、さまざまな製品やサービスを提供しています。
すべての顧客が同じではありません。さまざまな顧客にどのようにアプローチするのかは、あなた次第です。
アプローチ方法について、詳細は、各顧客をクリックしてください。

画面上のグラフィックとテキスト

テキスト：
私たちは、さまざまなニーズをもつさまざまな顧客に製品・サービスを提供します。詳細は、各顧客をクリックしてください。
グラフィック：
さまざまなタイプのお客さまを表す 3 つの異なるキャラクター

テクニカルノート

学習者は各顧客をクリックすると、ポップアップウィンドウが表示され、追加情報が表示されます。

ストーリーボード

画面上のグラフィックとテキスト

テキスト：
コンサルティング型販売101
グラフィック：
男性１人と女性１人
ボタン：
開始

お客さま
コミュニケーションの基本
信頼関係の構築
ソリューションの案
クロージング

画面上のグラフィックとテキスト

テキスト：
私たちは、さまざまなニーズをもつさまざまな顧客に製品・サービスを提供します。詳細は、
各矢印をクリックしてください。
グラフィック：
さまざまなタイプのお客さまを表す4つの異なるキャラクター

テキストストーリーボード

スライド 01- はじめに

音声ナレーション	画面上のグラフィックとテキスト
コンサルティング型販売のフレームワークのコースへようこそ。 このコースでは、お客さまとコミュニケーションをとり、お客さまのニーズに合わせたソリューションを提供する方法を学んでいきます。	**テキスト:** コンサルティング型販売 101 **グラフィック:** 男性 1 人と女性 1 人 **ボタン:**

スライド 02- メインメニュー

音声ナレーション

このコース全体をとおして、コンサルティング型販売のフレームワークの 5 つのステップについて、学ぶことができます。加えて、実際の状況、シーンに応じたスキルの実践も行っていきます。
コンサルティング型販売のスキルレベルを引き上げる方法を学び始めるには、下のメニューからトピックを選択してください。

画面上のグラフィックとテキスト

テキスト:
以下のメニューからトピックを選択して、コンサルティング型販売のフレームワークについて、詳細をご覧ください。

ボタン:
お客さま
コミュニケーションの基本
信頼関係の構築
ソリューションの案
クロージング

テクニカルノート

学習者はメニュー項目をクリックして、各セクションにジャンプします。
各セクションの学習を完了すると、メインメニューに戻り、各項目がチェックされます。
すべてのアイテムの学習が終わったら、最後のセクションに進むことができます。

すべての顧客が同じではありません。さまざまな顧客にどのようにアプローチするのは、あなた次第です。 アプローチ方法について、詳細は、各顧客をクリックしてください。	私たちは、さまざまなニーズをもつさまざまな顧客に製品・サービスを提供します。詳細は、各顧客をクリックしてください。 **グラフィック:** さまざまなタイプのお客さまを表す 3 つの異なるキャラクター

テクニカルノート

学習者は各顧客をクリックすると、ポップアップウィンドウが表示され、追加情報が表示されます。

テキストストーリーボード

スライド 01- はじめに

音声ナレーション

コンサルティング型販売のフレームワークのコースへようこそ。
このコースでは、お客さまとコミュニケーションをとり、お客さまのニーズに合わせたソリューション
を提供する方法を学んでいきます。

画面上のグラフィックとテキスト

テキスト：
コンサルティング型販売 101
グラフィック：
男性 1 人に女性 1 人
ボタン：
開始

テクニカルノート

学習者は [開始] ボタンをクリックしてコースメニューに進みます。

スライド 02- メインメニュー

音声ナレーション

このコース全体をとおして、コンサルティング型販売のフレームワークの 5 つのトピックについて、
学ぶことができます。加えて、実際の状況・シーンに即したスキルの実践も行っています。
コンサルティング型販売のスキルレベルを引き上げる方法を学び始めるには、下のメニューからトピッ
クを選択してください。

画面上のグラフィックとテキスト

テキスト：
以下のメニューからトピックを選択して、コンサルティング型販売のフレームワークについて、
詳細をご覧ください。
ボタン：
お客さま
コミュニケーションの基本
信頼関係の構築

スライド 03- お客さま

音声ナレーション

私たちは、さまざまなタイプの顧客に、さまざまな製品やサービスを提供しています。
すべての顧客が同じではありません。さまざまな顧客にどのようにアプローチするのかは、あなた
次第です。
アプローチ方法について、詳細は、各顧客をクリックしてください。

画面上のグラフィックとテキスト

テキスト：
私たちは、さまざまなニーズをもつさまざまな顧客に製品・サービスを提供します。詳細は、
各顧客をクリックしてください。

グラフィック：
さまざまなタイプのお客さまを表す 3 つの異なるキャラクター

テクニカルノート

学習者は各顧客をクリックすると、ポップアップウィンドウが表示され、追加情報が表示されます。

「ビジュアルストーリーボード」を使用するケース

　「ビジュアルストーリーボード」は、開発プロセスに精通し、完成イメージを想像できるレビュー担当者と協働する場合に使用します。

　レビュー担当者のよくあるミスとして、コンテンツに気を取られて、その時点においては関係のない内容についてフィードバックをしてしまうことがあります。たとえば、「コンテンツを中心に見て欲しい」などと依頼すると、レビュー担当者は必然的に脇道に追いやられ、色やオブジェクト画像などに疑問を抱くことになるため、注意が必要です。

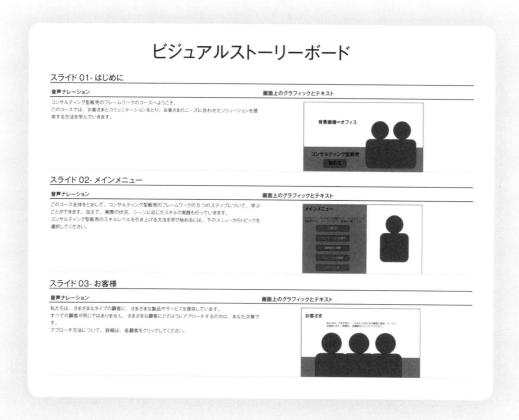

ビジュアルストーリーボード

スライド 01- はじめに

音声ナレーション　　　　　　　　　　　　　　　　　　　　**画面上のグラフィックとテキスト**

コンサルティング型販売のフレームワークのコースへようこそ。
このコースでは、お客さまとコミュニケーションをとり、お客さまのニーズに合わせたソリューションを提供する方法を学んでいきます。

選択してください。

スライド 03- お客様

音声ナレーション　　　　　　　　　　　　　　　画面上のグラフィックとテキスト

私たちは、さまざまなタイプの顧客に、さまざまな製品やサービスを提供しています。
すべての顧客が同じではありません。さまざまな顧客にどのようにアプローチするのかは、あなた次第です。
アプローチ方法について、詳細は、各顧客をクリックしてください。

ビジュアルストーリーボード

スライド 01- はじめに

音声ナレーション	画面上のグラフィックとテキスト
コンサルティング型販売のフレームワークのコースへようこそ。 このコースでは、お客さまとコミュニケーションをとり、お客さまのニーズに合わせたソリューションを提供する方法を学んでいきます。	

スライド 02- メインメニュー

音声ナレーション	画面上のグラフィックとテキスト
このコース全体をとおして、コンサルティング型販売のフレームワークの5つのステップについて、学ぶことができます。加えて、実際の状況、シーンに応じたスキルの実践も行っていきます。 コンサルティング型販売のスキルレベルを引き上げる方法を学び始めるには、下のメニューからトピックを選択してください。	
すべての顧客が同じではありません。さまざまな顧客にどのようにアプローチするのかは、あなた次第です。 アプローチ方法について、詳細は、各顧客をクリックしてください。	

ビジュアルストーリーボード

スライド 01- はじめに

音声ナレーション	画面上のグラフィックとテキスト
コンサルティング型販売のフレームワークのコースへようこそ。このコースでは、お客さまにコミュニケーションをとり、お客さまのニーズに合わせたソリューションを提供する方法を学んでいきます。	

スライド 02- メインメニュー

音声ナレーション	画面上のグラフィックとテキスト
このコース全体を通して、コンサルティング型販売のフレームワークの5つのステップについて、学ぶことができます。加えて、演習の充足、シーンに応じたスキルの実践も行っていきます。コンサルティング型販売のスキルレベルを引き上げる方法を学び始めるには、下のメニューからトピックを	

スライド 03- お客様

音声ナレーション	画面上のグラフィックとテキスト
私たちは、さまざまなタイプの顧客に、さまざまな製品やサービスを提供しています。すべての顧客が同じではありません、さまざまな顧客にどのようにアプローチするのかは、あなた次第です。アプローチ方法について、詳細は、各顧客をクリックしてください。	

「ストーリーボード」を作成する

「ストーリーボード」の形式を決定したら、いよいよ書き始めます。

「ストーリーボード」の作成には、時間・ストレスがかかる

アウトラインをうまく作成できていれば、ここでの作業は、間を埋めるだけです。この時点で、コースの流れやコンテンツについて配慮する必要はありません。

「ストーリーボード」の作成方法、スライドの種類、インタラクティブ機能については、最終的にはコースのトピックや目的によって異なります。

ここでの、「（紙に）書き出す」というストレスのかかる作業が終わったら、学習コンテンツを「ストーリーボード」に変換するという骨の折れる作業は完了となります。本書の後半では、インタラクティブ機能、ビジュアルデザイン、インターフェースデザインによって学習の定着度（リテンション）を高め、認知的負荷を軽減する方法について説明します。

よくある質問

「ストーリーボード」のドラフトを作成するには、どのツールを使用すれば良いか?

それは、あなた次第です。

個人的には、「テキストストーリーボード」を作成するときは、MicrosoftWord または Google ドキュメントを使用しています。一方、「ビジュアルストーリーボード」を作成する場合、通常は MicrosoftPowerPoint を使用します。

これらのツールを用いることで、「ストーリーボード」を関係者や SME と簡単に共有して、レビューやフィードバックを得やすくなるでしょう。

さまざまな種類のスライドをどのように「ストーリーボード」化するか

　本書の冒頭で説明したように、オンデマンド・ラーニングにはさまざまな形式があります。そのため、オンデマンド・ラーニングにおけるスライドの種類はほぼ無限です。これは、オンデマンド・ラーニング作成において使用するオーサリングツールやプログラム（本書の後半で説明します）を検討する場合にも当てはまることです。

　各スライドの「ストーリーボード」の作成方法は、完成後のコースにおける画面上のアクションの種類によって異なります。

オンデマンド・ラーニングに含まれるスライドの主なタイプ

テキストベースのスライド

　静的で非インタラクティブなスライドであり、学習コンテンツは画面上のテキスト、画像、グラフィックのみによって表示される

絵コンテのプレゼンテーションスライド

　アニメーション化された非インタラクティブなスライドであり、学習コンテンツは、通常は音声ナレーションと同期およびアニメーション化されたテキスト、画像、グラフィックによって表示される

クリックして表示するスライド

　インタラクティブなスライドであり、学習者がボタンやその他のインタラクティブなオブジェクトをクリックすると、学習コンテンツが表示される

意思決定ベースのスライド

　インタラクティブなスライドであり、学習者は何らかの知識ベース・スキルベースの意思決定を行う必要がある

「テキストベースのスライド」をストーリーボード化する場合

- コンテンツを複数のスライドに分割することを恐れず、1つのスライドに収まるテキストの量を検討する
- テキストの内容が学習者の理解度に合っているかを確認する
- 画面上のテキストに関連する画像・グラフィックについて説明する

「絵コンテのプレゼンテーションスライド」をストーリーボード化する場合

- 音声ナレーションが自然で会話的な口調で書かれていることを確認する
- 視覚的に伝達できるコンテンツの音声ナレーションのスクリプトを表示する
- どのテキスト、画像、またはグラフィックがアニメーション化されるかについての詳細な説明を含め、音声ナレーションのスクリプトを示す

「クリックして表示するスライド」をストーリーボード化する場合

- どのアイテムがインタラクティブなものか（またはクリック可能になるか）を明確に示す
- 学習者が各アイテムをクリックするとどうなるかを説明する（例：ポップアップウィンドウが表示されるなど）
- 公開されるコンテンツ（例：テキスト、画像、グラフィック、ビデオなど）の概要を説明する

「意思決定ベースのスライド」をストーリーボード化する場合

- 意思決定ベースのインタラクティブ機能のタイプについて、詳細を示す（例：クイズ形式、分岐シナリオなど）
- 各選択肢の概要と、それぞれを選択したときに何が起こるかを示す（例：別のスライドにジャンプする、フィードバックを提示するなど）
- 正しい（間違った）選択肢を選んだときに表示されるフィードバックを示す

What Do You Think?

「テキストベースのスライド」をストーリーボード化する際、他に考えられる方法はありますか？

_____

_____

_____

「絵コンテのプレゼンテーションスライド」をストーリーボード化する際、他に考えられる方法はありますか？

_____

_____

_____

「クリックして表示するスライド」をストーリーボード化する際、他に考えられる方法はありますか？

_____

_____

_____

「意思決定ベースのスライド」をストーリーボード化する際、他に考えられる方法はありますか？

_____

_____

_____

オンデマンド・ラーニングの長さは、どのくらいにするのが良いか?

かつて、eラーニングの長さは1時間以内にするのが原則だった時代があります。その後、それが30分、15分になり、現在は5〜10分の間で落ち着いています。

この質問について考えるうえで前提となるのは、「学習にかかる時間に理想的な長さがあるかどうか」です。ここでの私の答えは、「学習には、必要な分だけの時間がかかる」ということです。

万能なガイドラインがあると便利ですが、オンデマンド・ラーニングは、コンテンツの複雑さ、学習体験を通じて達成しようとしている目的によって中身は異なるものです。

理想的な長さを考えるのではなく、オンデマンド・ラーニングを設計する前に次の質問を自問するようにしてみてはいかがでしょうか。

- 学習者が望ましいレベルのパフォーマンスに到達するには、どのレベルの努力が必要か?
- 学習者は、トレーニングにどれだけの時間を費やすことができるか?
- 効果的に情報提供するためには、どのように構造化することができるか?

これらの質問への答えは、学習者、組織、目標のニーズに合致した効果的なオンデマンド・ラーニングの作成に役立ちます。

What Do You Think?

オンデマンド・ラーニングは「理想的な長さ」があると思いますか? もしそうなら、それはどれくらいですか? また、その理由は?

_____

_____

_____

「ストーリーボード」のレビューと編集

　ここまでの作業で、「ストーリーボード」のドラフトが完成しました。次に、これを関係者・SME に渡して確認します。

　彼らがあなたの成果物を見る最初の場面です。彼らからのフィードバックを確認しましょう。

　オンデマンド・ラーニング開発プロセスのすべての段階において、こうした確認のプロセスは非常に重要なものです。「ストーリーボード」は、変更を加えるのがもっとも簡単な段階であるため、特に重要です。

　ただし、レビュー担当者に「ストーリーボード」を渡すタイミングについては検討が必要です。

レビュープロセスをできるだけシンプルにするために

　私の経験では、ほとんどのステークホルダーと SME は、オンデマンド・ラーニング開発への関与のレベルを過小評価しています。多くの場合、彼らは初期の段階でコンテンツを提供すること、そして、最終的なコースを確認し、承認することが自分たちの仕事だと思い込んでいます。彼らは、開発の各段階でコースを確認する必要があることを知らないのです。

　オンデマンド・ラーニング開発者としての責任は、レビュープロセスをできるだけシンプルにすることです。タイムリーなフィードバックが必要な場合は、特にそうです。

何をいつまでにレビューする必要があるのかを明確に指示をする

　ステークホルダーと SME に「ストーリーボード」のレビューを依頼する前に、何をいつまでにレビューする必要があるのかを、明確に指示します。たとえば、特に学習コンテンツの正確性を確保するためのレビューが必要な場合は、コースに組み込むスライドの数にレビュー担当者が気を取られることがないようにする必要があります。

SME の時間を調整する

　ステークホルダーや SME は、忙しい人々です。オンデマンド・ラーニングの開発とレビューの他にも、フルタイムの仕事があります。レビュー時間をスケジュールに組み込んでもらえるように調整し、フィードバックを得る機会を設けましょう。ここでは、彼らが自分で「ストーリーボード」を確認するために時間を割けるようなサポートをしていきます。

ライブレビューセッションを実施する

　レビューサイクルをスムーズに進めるもっとも効率的な方法の 1 つは、直接会うことです。これによって、SME の口から直接フィードバックを受け、内容を理解し、質問をし、新たに提供されたアイデアについて迅速な決定を下すことができます。

　直接会う前に、「ストーリーボード」確認用のリンクを SME に送信したうえで、ミーティングの設定を依頼し、数日おいたうえで実際に会ってフィードバックを受けます。これにより、SME は、「ストーリーボード」を確認したうえで、ミーティングにのぞむことができるでしょう。

アドバイス

　ステークホルダーや SME と会って「ストーリーボード」を確認するときは、プロセスを伝え、「ストーリーボード」の確認の重要性を認識してもらいます。「完成していないのに、自分がレビューする必要はないのでは?」と尋ねられることは、よくあることです。

レビュー担当者が締切を守らない、またはまったく
フィードバックを提供しない場合はどうしたらいいか?

　必要な人から、必要なフィードバックを得るには工夫が必要です。どのステークホルダーが信頼でき、どのステークホルダーにサポートが必要なのかをすばやくつかみましょう。定期的にフィードバックが漏れる担当者がいる場合、ミーティングを設定することをお勧めします。事前にレビューしたうえで参加するかもしれませんし、ミーティングの時間を使ってフィードバックを得ることもできます。

担当者から矛盾するフィードバックがあった場合は?

　担当者からのフィードバックが矛盾するのは、よく起きることです。そのような場合、私は開発に関わる関係者に最終決定を委ねています。通常、ミーティングを設定し、そこで矛盾するフィードバックについてのテキストを用意し、どのように対処するかを話し合っています。

What Do You Think?

ステークホルダーや SME からタイムリーなフィードバックを得るために、他にどのような工夫が考えられますか?

_____

_____

_____

_____

_____

コースを開発する

この Chapter であなたが探求するのは……

- ■ 「オーサリングツール」を選択する方法
- ■ さまざまなタイプの「プロトタイプ」
- ■ コースの「プロトタイプ」を作成する方法

NOTES

_____

_____

_____

_____

_____

_____

_____

_____

_____

_____

_____

_____

_____

_____

_____

_____

_____

_____

CHAPTER 7

コースを開発する

いよいよ、やっかいなものをつくり始める時!

　ここまでに多くの仕事に取り組んできました。関係者と会い、大量の質問をし、「プロジェクト計画」と「タイムライン」を作成し、「コース概要」、そして、「ストーリーボード」を作成しました。さあ、いよいよオンデマンド・ラーニングの開発を始めます。

　ここに至るまでにこれほど多くの作業を行うとは想像していなかったかもしれません。でも、事実として、コース開発を始める前に行うすべての作業が、最終的にその成功を決定するのです。なぜならば、「ガベージイン、ガベージアウト（ゴミからはゴミしか生まれない）」だからです。

　世界でもっとも美しいコースを構築することはできますが、適切に計画され、パフォーマンスの問題に対処できていない場合、すべての時間は無駄になります。

　幸いなことに、コースの計画をうまく立てていれば、開発プロセスはそれほど難しいものではありません。家を建てるのと同じように、全員が設計図の内容を徹底的に確認して合意を得ていた場合、建設中はそれほど驚くような出来事は起こらないのです。

「オーサリングツール」を選択する

　オンデマンド・ラーニングの開発は家を建てるのとよく似ていると、これまでにも何度かお伝えしてきました。前の Chapter では、「ストーリーボード」は家の青写真に似ているという点も紹介しましたね。

　この Chapter でも、引き続きこの例を用いていきますが、特に検討していくのは、オンデマンド・ラーニングの構築に使用される実際のツールと手法についてです。

　家を建てるには、道具、材料、そして職人の確かな技術が必要です。オンデマンド・ラーニングの開発でも、同じことが言えます。コースを作成するためのツール、スライドを作成するためのグラフィックやメディア、優れたデザインスキルが必要です。

　オンデマンド・ラーニング開発プロセスの最初のステップは、コースの構築に使用する「オーサリングツール」を知ることです。

「オーサリングツール」とは何か?

　「オーサリングツール」とは、インタラクティブなデジタル学習コンテンツを作成するために特別に設計されたソフトウェアプログラムです。過去数年間で、新しいツールが爆発的に市場に出回るようになり、オンデマンド・ラーニングの設計者・設計を担う組織は、自分たちに最適なツール、トレーニングコンテンツを選択できるようになりました。

すべての「オーサリングツール」で同じように制作できるわけではない

　ここまで書いたところで、コースの開発に使用する「オーサリングツール」に選択肢がない可能性があることに気づきました。組織に所属している場合、すでにコース開発のために特定のツールが導入されている可能性があります。

　しかし、それでも、入手可能なさまざまな「オーサリングツール」について知っておくことをお勧めします。いつか自分でツールを選ぶ機会が訪れるかもしれないからです。

　すべての「オーサリングツール」で同じように制作できるわけではありません。どのツールが良いかを考える際、いくつかの要素を考慮する必要があります。

「オーサリングツール」を選択する時に確認すること

どのような種類の学習体験を生み出すことができるか?	「オーサリングツール」の機能はさまざまである。インタラクティブ機能が制限されたモバイルレスポンシブ学習の作成に特化したものもあれば、インタラクティブ機能をカスタムできるものもある。作成したい学習に最適なツールを選択する。
コースの開発にはどのくらいの期間が必要か?	「オーサリングツール」の中には、コンテンツの複雑さによって、他のツールよりも多くの開発期間を要するものもある。コース開発に必要な期間に適したツールを選択する。
快適に使用できるか?	「オーサリングツール」の仕様はそれぞれである。プログラミングの知識が不要なツールもあれば、非常に高度な知識が求められるツールもある。現在のスキル・状況に合ったツールを選択する。

What Do You Think?

他に「オーサリングツール」を選択するうえで考慮したほうが良い事項はありますか?

_____

_____

_____

_____

オーサリングツールの分類

デスクトップベースのツール

スタンドアロン・プログラムであり、高度にインタラクティブなコンテンツを作成する機能を有する

- Articulate Storyline
- Adobe Captivate
- Lectora

クラウドベースのツール

Web ベースのツールであり、通常、デバイスに応答する e ラーニングコンテンツの作成に特化している

- Rise
- Lectora Online
- Gomo Learning

PowerPoint ベースのツール

PowerPoint アドオンとして PowerPoint スライドをインタラクティブな e ラーニングコンテンツに変換して公開できる

- Articulate Studio
- Adobe Presenter
- iSpring

LMS ベースのツール

通常、学習管理システムに含まれていて、テキスト、画像、ビデオ、クイズをコースに組み合わせることができる

- ほとんどの LMS プラットフォーム

ここで示したものはすべてを網羅したリストではなく、特定の「オーサリングツール」を推奨するものでもありません。また、上記のツールは、本書執筆時点でのものです。

　どの「オーサリングツール」が自分たちに適しているかわからない場合は、ダウンロードして、いくつかのプログラムの無料トライアルを試してみてください。ほとんどの「オーサリングツール」（Articulate および Captivate を含む）の会社は、トライアル期間を提供しています。

What Do You Think?

知っている「オーサリングツール」はありますか？　それぞれの何が好き／嫌いですか？

_____

_____

_____

_____

_____

オンデマンド・ラーニングの開発に他にどのようなツールを使用できるか?

グラフィック デザインツール

- Adobe Illustrator
- PowerPoint
- Canva

画面記録ツール

- Camtasia
- Snagit
- Replay

ビデオ編集ツール

- Camtasia
- Replay
- iMovie
- Windows Movie Maker
- Adobe Premiere Pro

オーディオ 録音ツール

- Camtasia
- Audacity
- GarageBand
- Adobe Audition

写真編集ツール

- Adobe Photoshop
- PowerPoint
- Snagit

What Do You Think?

他にどのようなツールが使用できますか?

_____

_____

_____

「プロトタイプ」を作成する

　「オーサリングツール」を選択したら、次のステップはコースの「プロトタイプ」を作成することです。家を建てる例で言うと、「プロトタイプ」は、これから建設される家の 3D モデルのようなものです。3D モデルによって、住宅オーナーに設計図がどのような形になるのか、その完成イメージを確認してもらうことができます。これによって、住宅オーナーは、ベッドルームを少し大きくしたり、窓を追加したり、キッチンを移動したりする必要があることに気づくかもしれません。建設が始まると簡単に変更することができないため、ここで確認のステップを設けるのは大切なことなのです。

「プロトタイプ」とは何か？

　オンデマンド・ラーニングの「プロトタイプ」とは、コースのサンプルのことです。家の 3D モデルと同じように、「プロトタイプ」は、コースがどのように見えるか、学習コンテンツをどのように示すのか、インタラクティブな要素がどのように機能するかについてのプレビューを、関係者に示します。このステップは、コース全体の開発に多くの時間を費やす前に、関係者が変更を加えることができる貴重な機会です。

「プロトタイプ」から始めるメリット

期待に沿うことができる

「プロトタイプ」には通常数枚のスライドしか含まれないため、コース全体の開発の前に、関係者や SME の反応をすぐに得ることができる

機能を検証する

「プロトタイプ」では、「ストーリーボード」で設計したインタラクティブ機能を構築できる。プレースホルダーテキスト、画像、その他のグラフィックを使用して、コースの技術的機能をすばやく検証でできる

「プロトタイプ」のフォーマットを選択する

前の Chapter では、「ストーリーボード」はコースの計画・開発に役立つツールであり、どの形式を使用するかは、状況によってさまざまであることをお伝えしました。「プロトタイプ」において使用するフォーマットを選択する際も、同じことが言えます。

「プロトタイプ」を作成する目的は、全体の開発前に、コースの設計・機能を検証すること

「プロトタイプ」は、コースの機能を検証するためだけに用いる場合もあれば、ステークホルダーや SME とコース全体の学習を検証するために用いる場合もあります。また、「プロトタイプ」を1つだけ作成する場合もあれば、複数の「プロトタイプ」を作成することになる場合もあります。いずれの場合も、「プロトタイプ」を作成する目的は、トラブルなく開発を完了するための土台をつくることです。

「プロトタイプ」を作成せずに、コース全体を開発することは避けましょう。できあがった段階で、ステークホルダーと SME が「すべてを変えたい」と言い出すようなコースを開発したくはないはずです。

「プロトタイプ」によってこうした状況をすべて防げるわけありませんが、「プロトタイプ」を作成することによって、開発のやりなおしが発生する可能性を劇的に減少させることができます。

「プロトタイプ」のフォーマット

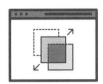

ワイヤーフレーム・プロトタイプ

コースの機能を検証するために使用される。通常、単純なプレースホルダーテキスト（訳注:「この場所にはこれが入ります」と予定されるスペースのこと。「ここにはテキストが入ります」などのように表示されたもの）、画像、グラフィックを使用する。コースの技術的な機能に重点が置かれる形式。

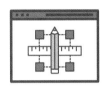

ビジュアル・プロトタイプ

コースのユーザーインタフェースを検証するために使用される。実際のコンテンツが含まれる場合もあれば、そうではない場合もあるが、重点はフォント、色、画像、グラフィック、アニメーション、スライドの全体的なレイアウトに置かれる。

ファンクショナル・プロトタイプ

コース完成版のサンプルであり、全体的な学習体験を検証するために使用される。通常、コース全体のスライドの一部が含まれる。実際のコンテンツ・グラフィックを使用し、完成後、コースがどのように見えるかを示す。

What Do You Think?

どのフォーマットを使用したいですか？　その理由は何ですか？

_____

_____

_____

「ワイヤーフレーム・プロトタイプ」を使用するケース

　「ワイヤーフレーム・プロトタイプ」は、コースの技術的な機能に集中する必要がある場合に最適です。たとえば、複雑なインタラクションや分岐のシナリオを開発する場合は、プレースホルダー画像、グラフィック、コンテンツを使用し、「オーサリングツール」ですばやく構築すると便利です。

プレースホルダーのコンテンツと画像を使用して、カスタムインタラクションの機能を示す「ワイヤーフレーム・プロトタイプ」の例。

「ビジュアル・プロトタイプ」を使用するケース

　「ビジュアル・プロトタイプ」は、コースのインターフェースに焦点を当てる場合に最適です。たとえば、特定のデザインやブランディングガイドラインに則っている場合、テキスト、画像、グラフィックス、レイアウトを使用してスライドをデザインし、どのように見えるかを確認すると便利です。これは、「プレースホルダー・コンテンツ」を使用している場合にも当てはまります。

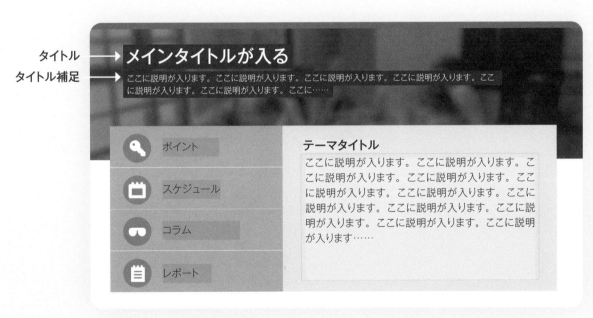

「プレースホルダー・コンテンツ」を使用して、コースのビジュアルデザインの全体的なインターフェースを示す「ビジュアル・プロトタイプ」の例。

「ファンクショナル・プロトタイプ」を使用するケース

　「ファンクショナル（機能的な）・プロトタイプ」は、コンテンツ、インタラクション、ビジュアルデザインなど、学習全体のサンプルを示す必要がある場合に最適です。
　たとえば、ステークホルダーや SME に、コースのプレビューを提供して承認を得る必要がある場合、「ファンクショナル・プロトタイプ」を作成すると便利です。

実際のコンテンツと画像を使用して、コース全体の学習経験を示す「ファンクショナル・プロトタイプ」の例。

レビュー、改訂をくり返す

　「プロトタイプ」を開発したら、関係者や SME からフィードバックを得ます。前の Chapter で説明したように、コースの確認と修正をくり返すことは、開発プロセスの重要な部分です。避けたいのは、レビュー担当者に進捗状況を確認する機会を与えず、コース全体の開発を進めることです。

ステークホルダーがコースを確認できるようにする

　コースのドラフトをステークホルダーに提供するときは、「彼らに渡すものは何なのか」、そして「何についてレビューする必要があるのか」を忘れずに説明してください。「プロトタイプ」開発の段階では、コンテンツの中身に関するものよりも、コンテンツのプレゼンテーション、インタラクティブ機能、全体的なビジュアルデザインについてフィードバックを求めます。

適切な人にコースをレビューしてもらう

　各レビューを計画するときは、適切な人を適切なタイミングに配置します。「プロジェクト計画」と「タイムライン」を作成したときに、これがすでに決定しているのが理想的です。
　ステークホルダーは、レビューのプロセスに想定していた以外の人を追加する可能性がありますが、こうした事態になっても驚かないでください。追加しようとしているのが誰かを見極めて、プロセスに含めていきましょう。

コース全体を開発するまでくり返す

　「プロトタイプ」の最初のレビューが完了したら、関係者から受け取ったフィードバックを取り入れていきます。この時点から、コースの開発へと進んでいきます。「ストーリーボード」からスライドを作成し、関係者と一緒に確認し続けましょう。

コースの開発中に何回のレビューを行う必要があるか?

レビューをいつ、どのくらいの頻度で行うかについて、厳密な規則はありませんが、私の経験では、通常、最低3回のレビューサイクルがあると十分です。ただし、プロジェクトはそれぞれ異なります。コースの複雑さとレビュー担当者の数によっては、追加のレビューが必要になる場合があります。

1 **最初の
レビューサイクル** ステークホルダーとSMEからコースの「プロトタイプ」に関するフィードバックを受ける。

2 **2回目の
レビューサイクル** ステークホルダーとSMEから得たフィードバックを組み込んで開発されたコースの最初のドラフトに関するフィードバックを受ける。

3 **3番目の
レビューサイクル** ステークホルダーとSMEから得たフィードバックを組み込んだ、コースの最終ドラフトへの承認を受ける。

What Do You Think?

あなたの開発プロセスには何回のレビューサイクルが必要だと思いますか?

_____

_____

_____

NOTES

CHAPTER 8

インタラクションの導入

この Chapter で探求するのは……

- インタラクティブなオンデマンド・ラーニングのメリット

- さまざまなタイプのインタラクション

- 実践的なインタラクションを作成する方法

NOTES

インタラクションの導入

スキルの実践に取り組もう

　インタラクションは、魅力的かつ効果的なオンデマンド・ラーニングをつくるうえで重要な役割を果たします。同期型学習（講師・インストラクター主導の研修トレーニング）とは異なり、非同期型のオンデマンド・ラーニングでは、学習者の関心を引きつけ、実践をサポートするためには、インタラクションを利用するしかない、とも言えます。

　ボタンをクリックして次のスライドに進む、タブをクリックして追加のコンテンツを表示する、シナリオベースの質問に回答するなど、「インタラクション」とは、学習者がコンテンツ上で実行するアクションのことです。

　このインタラクティブなコンテンツを作成することの重要性について、私は最初から知っていたわけではありませんでした。e ラーニングデザイナーとしてのキャリアをスタートした頃の私は、コンテンツをインタラクティブなものにすることの重要性について、たまに思い出す程度でした。もちろん、当時から「インタラクティブな e ラーニングこそ、魅力的な e ラーニングである」と言われていました。正直なところ、e ラーニングデザイナーとして初期の頃の私は、自分が何をしているのかわからなかったのです。

　e ラーニングデザイナーとして初心者だった頃の私は、インタラクティブ機能の目的は、学習者の注意を維持し、引きつけることであると考えていました。学習者が何かをクリックすることで、途中でコースから離脱することなく、学習を続けることができる——まさにこれが、私のコースの設計方法でした。

　初期につくった e ラーニングコースの中には、クリックしてコンテンツが表示されるシンプルなインタラクションが含まれていました。でも、タブのボタンであろうとアイコンであろうと、すべてのインタラクションは基本的に同じでした。「学習者がボタンをクリックするとコンテンツが表示される」というものだったのです。

知識習得と行動変容

　その後、私は、クリックして表示するインタラクションがたくさんあるコースを受講する経験を得ました。その時はじめて、「インタラクションが意味のあるものなのかどうか、受け身の姿勢にしてしまうものになっていないかどうかをしっかり考えるべきだ」と思ったのです。

　私は、自分が設計しているコースは、単に学習者が追加情報を表示し、消費するだけのインタラクションで構成されていることに気づきました。それは、学んだ知識を適用してパフォーマンス向上につなげるものではなかったのです。

　知識と行動は関連し合うものですが、知識が習得できたからといって行動が変わるわけではありません。高度にインタラクティブなコースを作成することはできますが、学習者がクリックして追加情報を表示するだけでは、仕事で実践できるようなスキルを身につけることは期待できません。

インタラクションのメリット

　すべてのオンデマンド・ラーニングがインタラクティブ機能（インタラクション）を含んだ構成である必要はありません。しかし、インタラクションは、学習者のスキルの実践に役立ちます。

　研修やワークショップでアクティビティを行うこともありますが、これは学習の目的が単に知識を伝えることではないからです。学んだ人が仕事で必要なスキル・行動・タスクができるようになることが、学習の目的なのです。

オンデマンド・ラーニングのインタラクションのメリット

- **クリティカル・シンキングを促す**
  インタラクティブなオンデマンド・ラーニングでは、学習者は、実際の問題、ケース、シナリオを体験できる。これによって、学習者は安全な環境でスキルの練習を行うことができる。

- **達成感をもたらす**
  インタラクティブなオンデマンド・ラーニングにより、学習者は自分の意思決定の結果を確認できる。正しい決定ができたときは、自信を高め、達成感を得ることができる。

- **振り返る機会を提供する**
  インタラクティブなオンデマンド・ラーニングにより、学習者は、自分が間違った意思決定をした場合の結果を体験できる。これによって、自分自身のスキル・能力について振り返る機会を得ることができる。

What Do You Think?

インタラクションのメリットとして、他にはどんなものがありますか？

_____

_____

_____

インタラクションをデザインする際に考慮すること

　インタラクションがスキルの実践に役立つものであることはわかっていただけたと思いますが、すべてのコースにインタラクションが必要なわけではありません。たとえば、システムにログインする方法を説明する短い動画には、インタラクションは不要でしょう。この場合、学習後、実際にシステムにログインすることになるため、トレーニングにおいてスキルの練習は必要ないと考えられます。

　一方、営業担当者を対象としたクレーム対応のコースを作成する場合、シナリオベースの質問を用いたインタラクションを取り入れると効果的だと言えます。

　このように、インタラクションをデザインする際は、コースの複雑さや学習コンテンツの内容、何を達成したいのかという学習の目的を考慮することが重要です。

複雑すぎるコンテンツになっていないか？

　また、オンデマンド・ラーニングのコンテンツが機能的に最適なものかを考慮しましょう。これは、目的とする結果を得るために、最適な時間となるようにすべきであるという意味です。もし、目的に照らし合わせて内容が複雑すぎる場合、学習者の時間を無駄にすることになってしまいます。

　つまり、単純なタスク・スキルのために複雑なインタラクションを構築することには意味がないということです（もちろん、逆も同様です）。

　インタラクションを取り入れるときには、次のポイントを考慮しましょう。これらはコース全体に影響を与えるものです。

インタラクションをデザインするときに考慮すべきポイント

学習を通じて得たい結果は何か?	インタラクションの複雑さは、達成しようとしている学習上の結果とマッチさせよう。
学習者には、他にどのような練習の機会があるか?	ブレンディッド・ラーニングをデザインしている場合、他にどのような練習の機会があるかを検討しよう。
インタラクションを開発するのにどのくらいの時間がかかるか?	開発に必要な時間を考慮しよう。時間が足りない場合、ニーズに合わせてインタラクションの複雑さを調整する方法を検討しよう。
「オーサリングツール」はインタラクションを作成できるか?	すべての「オーサリングツール」で、複雑なインタラクションをデザインできるわけではない。使用しているツールで「できること」「できないこと」を必ず検討しよう。

What Do You Think?

インタラクションを検討するうえで、他に考慮すべき点はありますか?

_____

_____

_____

インタラクションの種類

　コースをインタラクティブにする方法を決める前に、まずはさまざまなインタラクションを比較してみましょう。

　インタラクションには、学習者に対してさまざまなメリットがあることをお伝えしましたが、すべてのインタラクションが同じではありません。ほとんどのインタラクションは、学習者に対して何らかのアクションを求めるものであるという点は共通ですが、それぞれのインタラクションに、それぞれの効果があるのです。

　さまざまなインタラクションの違いを見ていきましょう。

インタラクションの複雑さの 4 つのレベル

①

受動的

スライドコントロール（つまり、[次へ] ボタン）
以外の操作が制限されている、
または、まったくない状態

②

限定的

何かをクリックして情報を表示する
シンプルなインタラクション

③

中程度

意思決定ベースのシナリオやシミュ
レーション、学習者にはクリティカル・
シンキングが求められる

④

複雑

高度な、完全に入り込んだシミュレ
ーション（AR や VR などを含む）

「クリックして表示するインタラクション」と「意思決定ベースのインタラクション」

　インタラクションには受動的なものから複雑なものまでさまざまなタイプがありますが、オンデマンド・ラーニングにおけるほとんどのインタラクションは、「クリックして表示するインタラクション」と「意思決定ベースのインタラクション」の２つのカテゴリに分類されます。それぞれ重要な役割を果たすものですが、それぞれについて、効果的な学習につながる用い方（そして、そうではない用い方）を理解しておきましょう。

　この Chapter の冒頭で説明したように、高度にインタラクティブなコースを作成することは可能です。しかし、「クリックして表示するインタラクション」だけを使用している場合、仕事の現場で実際に使えるスキルを身につけることは、期待できません。

オンデマンド・ラーニングのインタラクションの2つの主なタイプ

クリックして表示するインタラクション

　学習者がボタンをクリックするか、アクションを実行して、テキスト、オーディオ、ビデオ、その他のコンテンツやリソースを表示させるあらゆるタイプのインタラクションのこと。

　学習者にクリティカル・シンキングを求めるものではないが、これは学習において価値がないという意味ではない。

意思決定ベースのインタラクション

　学習者にコース内で意思決定を行うことを求めるインタラクションのこと。これは、クリティカル・シンキングを求めるタイプのインタラクションと言える。

　シンプルな多肢選択式のクイズ、複雑な分岐シナリオなどさまざまな種類があるが、いずれもスキルの実践が求められる。

「クリックして表示するインタラクション」が適しているケース

「クリックして表示するインタラクション」は、複数のステップ・プロセスに分けられるシンプルな情報を、学習者に伝える場合に最適です。また、「意思決定ベースのインタラクション」と組み合わせると、より効果的です。これによって、必要な時に、追加で知っておいて欲しい情報を伝えることができるでしょう。

「クリックして表示するインタラクション」を配置するのが適したポイントがあります。

ただし、これは学習者にクリティカル・シンキングを求めるものではないことは覚えておく必要があるでしょう。つまり、学習者が、「クリックして表示するインタラクション」を完了するために必要な知識・スキルは、マウスを使用することであり、それ以上のものではないということです。

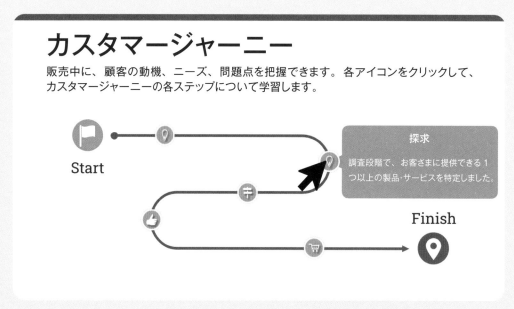

学習者が複数のステップ・プロセスを学ぶためのインタラクション例。

私たちのお客さま

私たちは、さまざまなニーズをもつさまざまな顧客に製品・サービスを提供しています。
それぞれの顧客がどのようなニーズを抱えているのか、詳細は顧客をクリックしてみましょう。

私たちのお客さま

私たちは、
それぞれの

経験豊富なエグゼクティブ

経験豊富なエグゼクティブは、見識があり、実用性を
求めます。
長期的に結果を得られるようなソリューションを求めて
いるのです。
ブランドの信頼性に印象づけられるかもしれませんが、
それは、しっかりとしたデータに裏づけられたものであ
る必要があります。

ポップアップウィンドウのインタラクション例。
クリックすることで、各人物について追加情報を確認できる。

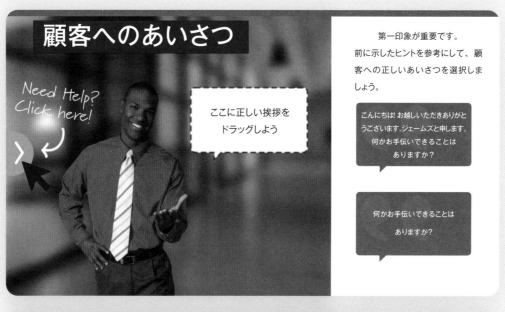

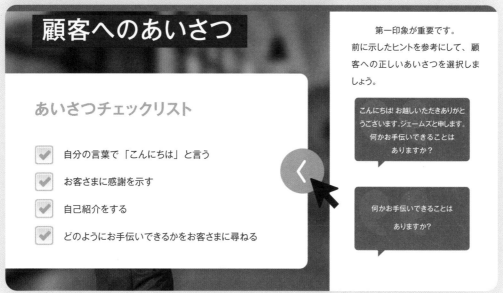

スライドアウト・インタラクションの例。
「意思決定ベースのインタラクション」に取り組むための追加情報を準備する。

どのようなアクションが効果的か、「オーサリングツール」でどのように構築したらいいのか、そもそもそのインタラクションが実際に効果的なのかどうか……インタラクションをデザインする時、これらを考え出すと圧倒されてしまうかもしれません。

私が経験から学んだ方法はこれです——いったん技術的な制限は考えず、まずは、インタラクションを視覚的に考えること。この方法を用いると、これまでは思いつかなかった創造的なアイデアが思いつくでしょう。

ここで、インタラクションをデザインする際のアイデア出しについて、3つのヒントを紹介します。

**アイデアを
スケッチする**

オンデマンド・ラーニングにおいてコンテンツをストーリーボード化する場合、紙で複雑なやりとりを説明するのは簡単ではありません。もし、それをすべて書き出すことができたとしても、最初はアイデアを視覚化することが役立つ場合があります。

インタラクションをデザインするときは、アイデアをスケッチしてみましょう。デスクやコンピュータから離れ、可能であればホワイトボードを用いると良いでしょう。

行動に着目する

インタラクションにはさまざまな形式・サイズ感のものがあります。「クリックしてコンテンツを表示する」のと同じくらいシンプルなものもあれば、複数の選択肢が用意された複雑なシナリオもあります。インタラクションをデザインするときは、学習者に仕事でどのような行動をして欲しいかに着目し、その実現につながるようなものを用いましょう。

**技術的な制限を
無視する**

インタラクションをデザインするうえでの最大の壁は、技術的な問題です。まずは、技術的な制限を無視して考えましょう。この段階で、そのアイデアが「オーサリングツール」で対応可能なのか、どのように構築すればいいかを心配する必要はないのです。

大切なのは、既成概念にとらわれずに考えることです。技術的な側面については、アイデア出しが終わり、「プロトタイプ」を作成する時に考えればいいのです。

「意思決定ベースのインタラクション」が適したケース

　「意思決定ベースのインタラクション」は、学習者に自分で考えて何らかの選択をしてもらったり、何らかの行動をとってもらったりする場合に最適です。

　シンプルな多肢選択式の問題でも、複雑な分岐シナリオでも、「意思決定ベースのインタラクション」では、学習者のパフォーマンス上の目標の達成につながるようなデザインにする必要があります。学習者が仕事で直面する実際の状況・シナリオに基づいたものであると理想的です。

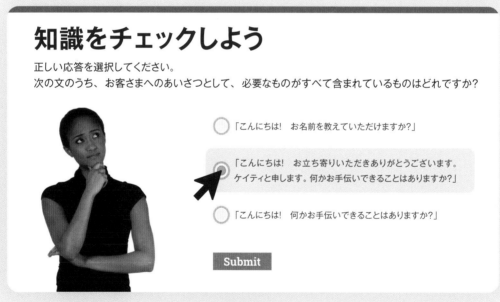

正しい回答を選択する、多肢選択式の質問例。

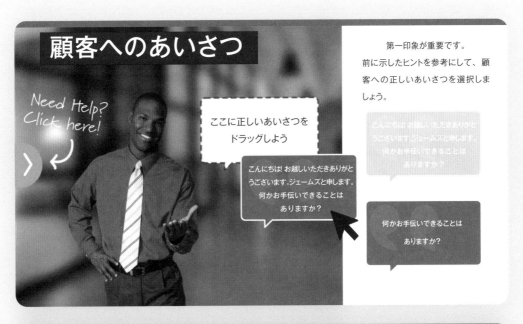

「ドラッグ・アンド・ドロップ・シナリオ」のインタラクション例。
学習者に、正しい回答を選んでもらう。

どのように対応する?

お客さまから、請求書に不自然な金額があるという問い合わせを受けました。
これまでに学んだカスタマーサービス・スキルを用いて、お客さまに対応しましょう。

応答 01
担当部門につなぐ

応答 02
混乱させてしまい申し訳ありません。確認させていただきますので、追加でいくつかうかがえますか?

応答 03
承知しました。
(数分間保留にする)

応答 04
請求額が通常の料金ではないというのは、すでに確認がとれていることですか?

どのように対応する?

お客さまから、請求書に不自然な金額があるという問い合わせを受けました。
これまでに学んだカスタマーサービス・スキルを用いて、お客さまに対応しましょう。

素晴らしいです!

最善の対応は、あなたがお客さまをサポートするためにいると、お客さまに伝えることです。

応答 01
担当部門につなぐ

そのとおり!
正しい回答です。

Continue

応答 03
承知しました。
(数分間保留にする)

応答 04
請求額が通常の料金ではないというのは、すでに確認がとれていることですか?

正しい回答を選択する分岐シナリオの質問の例。

　「クリックして表示するインタラクション」と比較すると、「意思決定ベースのインタラクション」は、作成に多く
の時間がかかるかもしれません。
　ここではパフォーマンスに着目した効果的な「意思決定ベースのインタラクション」をデザインするヒントを紹介し
ます。

「行動」を 特定する	1つ目のヒントは、インタラククションというよりは、コンテンツの性質に関わるものです。効果的なインタラクションをデザインするためには、それが知識を提供することで解決する問題なのか、行動を変える必要がある問題なのかを考えることが大切です。ここには大きな違いがあるのです。 　つまり、「意思決定ベースのインタラクション」をデザインするための最初のステップは、コースがパフォーマンス・行動に着目したものであるかどうかを確認することです。望ましいパフォーマンスをするために、学習者は何をする必要があるのでしょうか？　まずは、このコースで集中して取り組むべき「行動」を特定したうえで、インタラクションをデザインしていきます。
行動を実践するた めのインタラクショ ンを設計する	2つ目のヒントは、学習者が目的の行動を実践できるようにすることです。これは、「知識ベースのコース」と「パフォーマンスベースのコース」を区別する重要な要素です。 　たとえば、クレーム対応についてのコースを作成する場合、適切なリアクションを選択してもらいながら、顧客の感情を落ち着かせていくシナリオが考えられます。顧客にどのような対応をするかによって、シナリオは異なる結末を迎えることでしょう。 　こうした手法を用いて学ぶことで、学習者は仕事の現場で失敗を恐れずに、学んだスキルを試してみることができます。もし失敗したとしても、そこから新たに学ぶことができるでしょう。

What Do You Think?

「クリックして表示するインタラクション」をどのように活用しますか?

_____

_____

_____

「意思決定ベースのインタラクション」をどのように活用しますか?

_____

_____

_____

他にどのような種類のインタラクションを活用しますか?

_____

_____

_____

過去のコースを再設計できるとしたら、どのようなインタラクションをデザインしますか?

_____

_____

_____

NOTES

CHAPTER 9

学習の定着度を高める

この Chapter で探求するのは……

- ■ スウェラーの認知負荷理論

- ■ 認知的負荷を軽減する方法

- ■ 魅力的で直感的なオンデマンド・ラーニングを設計する方法

NOTES

CHAPTER 9

学習の定着度を高める

優れたオンデマンド・ラーニングは、
優れたインストラクショナルデザイン以上の結果をもたらす

　前の Chapter では、コンテンツにインタラクションを組み込む方法について検討してきました。インストラクションが適切にデザインされると、学習した知識・スキルのリテンションを高める（学習の定着をはかる）うえで大きな影響を与えることになります。

　ただし、インタラクションだけが学習の定着度を高める唯一の方法ではありません。

　非同期型のオンデマンド・ラーニングは、インタラクティブ・マルチメディアと言えるもので、文章や画像、グラフィック、アニメーション、音声を組み合わせて、学習コンテンツを学習者に届けることができます。こうした要素を組み合わせて、メッセージがより効果的に伝わるように検討を重ねていくと、学習者にとって、ビジュアル的に魅力的で、集中して学習に取り組めるようなコンテンツを作成することができるでしょう。

　コンテンツの効果を向上させる方法はいくつかありますが、この Chapter では、コースを設計する際に「認知的負荷」を軽減し、学習の定着度を高めるうえで、もっとも重要なポイントを解説していきます。

学習はどのように行われるのか？

本書の前半で、「学習がどのように行われるか」について説明しましたね。私たちは、常に情報を取り入れ、処理しながら生きています。本を読んでいる時も、動画を見ている時も、スキルを練習している時も、私たちは常に学習しています。学習は、もはや人間の一部なのです。

しかし、ここで振り返ってみてください。先週行ったすべてのことを思い出せますか？　直前のChapter8で紹介したすべての内容を思い出せますか？　答えは間違いなく「ノー」です。

私たちは常に学習しているが、そのすべてを覚えているわけではない

私たちの脳は、情報を自動的に処理して優先順位をつけるようにプログラムされています。ある情報は、タスクを完了するために必要な時間だけ保持され、その後、忘れられますが、他に長期間、保持される記憶もあります。

例を挙げましょう。子どもの頃から学生時代まで、私は数学、特に代数が嫌いでした。大学2年生の時、代数の授業を受けることになりました。大嫌いな代数でしたが、これは私にとって最後の代数の授業です。できる限りのことをしました。がむしゃらに勉強し、すべての方程式の演算の順序を記憶し、最終的には「C＋」の成績で修了することができました。終わった時、心の底からほっとしました。もしも、数週間後に「同じ試験を受けるように」と言われたら、必ず落ちていたことでしょう。単位をとれる自信はありません。その理由はシンプルです。私は、代数を重要だと思っていなかったからです。無意識のうちに、私は「テストに合格するため」だけに、必要な情報を必要な期間だけ頭に入れていたのです。その目的が達成されると、必死に覚えた情報はもはや不要なものとなり、忘れ去られていきました。

これは、学習とどのような関係があると思いますか？
あなたがトレーニングを作成する時、学習者は無意識のうちに情報の優先度をつけています。コンテンツの量、表示方法、学習者自身に関連するかどうかに応じて、その情報は長期記憶として保持されるか、それともあっという間にゴミ箱行きになるのかが決まるのです。
この問題について考える時、ジョン・スウェラーの「認知負荷理論」が役立ちます。

ジョン・スウェラーの認知負荷理論

　1980年代後半、ジョン・スウェラーは、学習に関わる問題とその解決方法について研究を進める中で、「認知負荷理論」を提唱しました。スウェラーの研究によると、人間の認知構造と一致する条件下で学習が行われる場合、学習はもっとも効果的であるといいます。

　スウェラーの理論は、短期記憶「作業メモリ」と長期記憶「スキーマ」によって個人の知識の土台が構成されていることを示唆しています。これは、長期記憶に保持される情報が複雑な「スキーマ」として構造化されていくという意味です。長期記憶によって、私たちは、問題を認識し、それについて思考し、解決することができるのです。

　情報は、「スキーマ」として長期記憶に保持される前に、まずは「作業メモリ」によって処理されています。

　これをインストラクショナルデザインの観点から考えてみましょう。スウェラーの「認知負荷理論」によると、トレーニングコンテンツをデザインする際は、「作業メモリ」にかかる負荷を減らし、「スキーマ」を生成することで、情報が長期間、保持されるようにする必要があるのです。

ジョン・スウェラー

「認知負荷理論」を提唱したことで知られるオーストラリアの教育心理学者。

スウェラーが提唱した3つの「認知的負荷」

❶
学習内容自体の負荷

　特定のトピックにおける難易度によって生み出される負荷

❷
学習内容とは無関係な負荷

　情報が学習者に提示される中で生み出される負荷（インストラクショナルデザイナーの管理下にある）

❸
学習内容に関連する適切な不可

　スキーマの処理、構築、自動化によって生み出される負荷

「認知的負荷」を減らすには?

「なぜオンデマンド・ラーニングが効果的なのか?」と尋ねられた場合、あなたはどのように答えますか?

インストラクショナルデザインと答えるでしょうか。これは、ほとんどの人が口にする言葉です。

ただし、優れたオンデマンド・ラーニングは、優れたインストラクショナルデザイン以上の成果をもたらすものです。オンデマンド・ラーニングはインタラクティブ・マルチメディアであり、テキストや画像、グラフィック、アニメーション、音声を組み合わせて、コンテンツを伝えることができるものです。

優れたオンデマンド・ラーニングは大きな成果をもたらす

「認知的負荷」を完全に回避することは不可能ですが、それを軽減する方法はあります。

前のページで説明したように、3種類の認知的負荷のうち「学習内容とは無関係な負荷」は、学習者に情報を提示する方法によって回避できるものです。

学習者に効果的に情報を提示する方法は無数にありますが、この Chapter の残りのページでは、特に考慮すべき4つの方法について見ていきます。

- コンテンツをどのように構成するか
- コンテンツを視覚的に魅力的なものにする方法
- 説明したいアイデアをどのように示すか
- 直感的にコースを設計する方法

What Do You Think?

「認知的負荷」を回避する方法として、他にどのようなものがありますか?

_____

_____

_____

コンテンツをより小さな「一口サイズ」に分割する

　私たちの業界は、これまで長年にわたって「1つのコンテンツの理想的な長さ」のガイドラインを定義しようとしてきました。「45分を超えてはいけない」と言う人もいれば、「20分」と言う人もいます。さらに最近では、「10分」と言う人もいます。

　前のページでもお伝えしたように、私は、コンテンツをある特定の時間内に制限する必要があると考えたことはありません。これまで、コンテンツは必要な内容をカバーするために最適な時間にするべきだと考えていたのです。

1つのコンテンツは、必要な学習内容をカバーするのに最適な時間にする

　ただし、これは、コンテンツをどのように分解したり、スキャフォールディング（足場かけ）したりするかについて、熟慮したり戦略をもったりするべきではない、ということではありません。45分のコンテンツをつくって、学習が必要な25の新しい概念を1つのコースに詰め込むべきだという意味でもありません。取り扱われる情報・概念の性質に応じて、学習者に過剰な負担をかけないように設計することが重要なのです。

　そのためには、コンテンツをより小さな一口サイズの「かたまり」に分割して、構造化しましょう。これによって、認知的負荷を軽減できます。

　たとえば、学習者が5つの新しい概念・行動を学ぶ必要があり、それぞれをカバーするのに約10分かかる場合を考えてみます。1つのコンテンツで網羅しようとすると、50分のコンテンツが出来上がります。しかし、この場合、終了後に学習者がすべての情報を記憶している可能性は低くなるでしょう。

　一方、それぞれの概念・行動を5つの短いコンテンツにまとめた場合はどうでしょうか？　各コンテンツの所要時間は10分です。

視覚的に魅力的なスライドをデザインする

　人間は視覚的な生き物です。

　──これは、認知的負荷を考えるうえで、とても大切な視点です。

　私たちは最初に目で食べ、目で恋に落ち、目で学びます。オンデマンド・ラーニングのグラフィックデザインが重要なのはこのためです。

　今でこそこのようにお伝えしていますが、私はかつて、インストラクショナルデザインに全力を注いでいました。コースの見栄えを良くしたいとは思っていたものの、実際には、余裕がある場合にのみ配慮していたというのが現実です。

人間は視覚的な生き物だ!──私たちは目で学んでいる

　基本的なグラフィックデザインの手法を用いることで、オンデマンド・ラーニングの認知的負荷を軽減することができます。どの色、どのフォントがマッチするかを学びましょう。また、コンテンツと関連性が高い高品質な画像を選び、すっきりとしたバランスのとれたレイアウトにします。

　「グラフィックデザインの手法を実践する」というのは、プロ並みの技術を学ぶという意味ではありません。見栄えが良くなるように、画面上でオブジェクトを動かすだけで良い場合もあります。

安っぽい
画像

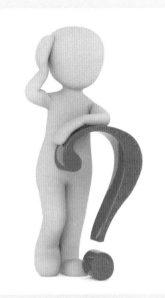

私たちのカスタマーサービス
の哲学は何か?

　私たちは、お客さまの問題を
解決する製品・サービスを提供
することを目指しています。お
客さまの課題の中には、お客さ
まがまだ気づいていないものが
あります。

VS

リアルな
画像

私たちのカスタマー サービスの哲学は何か?

私たちは、お客さまの問題を解決する製品・
サービスを提供することを目指しています。お
客さまの課題の中には、お客さまがまだ気づい
ていないものがあります。

対照的な
文字の色

シンプルな
レイアウト

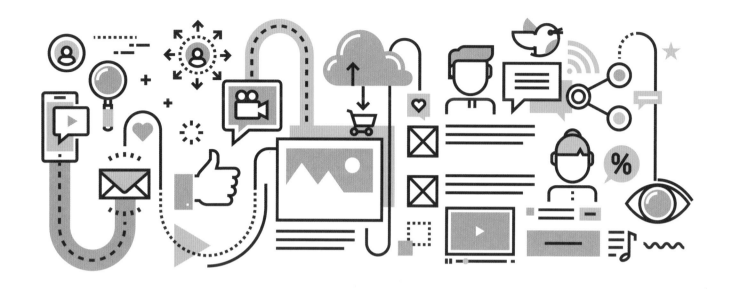

わかりやすく伝える

　私が e ラーニングの開発を始めた当初、スライドはコンテンツを掲載するためのものだと考えていました。初期に作成したコースの多くには、音声ナレーションが含まれていましたが、その中身は、スライドのコンテンツをくり返すだけのものでした。

伝わるスライドを作成しよう

　その後、私は「オンデマンド・ラーニングはビジュアルコミュニケーションの1つ」であり、「グラフィック、音声、アニメーション、インタラクションなどを組み込んだマルチメディア体験を学習者に提供する機会」であることを学びました。

　意味のあるグラフィックとアニメーション、音声ナレーションを組み合わせることで、認知的負荷を軽減させることができます。スライドにたくさんの箇条書きやありふれた画像を放り込むのではなくて、適切に使用して、説明しようとしている概念を視覚化します。

　たとえば、新しいプロセスを教える場合は、図やアイコンを使用してプロセスを視覚化し、音声ナレーションに沿って各ステップをアニメーション化するのです。

カスタマージャーニー

カスタマージャーニーのプロセスによって、顧客の動機、ニーズ、問題点を把握することができます。これを実現するために、私たちは 5 段階のカスタマーサービス・プロセスにしたがいます。

1. **発見**：選択肢を模索している段階。顧客は、私たちの会社、ブランド、サービス、製品にコミットしていない

2. **調査**：当社の製品・サービスをソリューションとして特定した段階

3. **比較**：当社の製品・サービスが適切であるかを探っている段階

4. **評価**：当社の製品・サービスが適切であると判断した段階

5. **購入**：最終的に当社のブランド・製品・サービスにコミットすることを決定した段階

退屈な
箇条書き

画像なし

VS

カスタマージャーニー

カスタマージャーニーのプロセスによって、顧客の動機、ニーズ、問題点を把握することができます。これを実現するために、私たちは 5 段階のカスタマーサービス・プロセスにしたがいます。

シンプルな
文章

発見
調査
比較
評価
購入

意味のある
グラフィック

直感的なユーザーインターフェイスを設計する

　私がコースの作成を始めた頃、「直感的なユーザーインターフェースの設計」について配慮することはありませんでした。当時、私は Articulate Studio を使用していました。これは、PowerPoint のスライドを Flash ベースの e ラーニングコースに変換するだけのものです。メニューとナビゲーションコントロールを備えたプレーヤーを追加することで、ユーザーインターフェイスが設計されるのです。

　しかし最近では、Articulate Storyline などのツールを使用して、画面上のナビゲーションを簡単にカスタムできるようになっています。

　インタラクティブなオンデマンド・ラーニングを設計するときは、学習者ができるだけ直感的に操作できるようにすることが重要です。学習者が「どうのように操作したらいいか」と悩むことに 1 秒費やすごとに、コンテンツを学習していない時間が 1 秒増えていくことを忘れないでください。

コースの使い方を説明するシンプルな方法

　直感的に操作しやすいユーザーインターフェイスをデザインすることで、認知的負荷を軽減できます。コースのナビゲーションをシンプルかつ一貫性のあるものにしてください。「ボタン」が「ボタン」のように見えること、「ボタン」として動くことを確認しましょう。さらに可能であれば、クリック数を減らせるようにすると良いでしょう。

　また、ユーザビリティに関するフィードバックを得るために、ユーザーによる受け入れテスト（次の Chapter で説明します）を実施します。

過度で紛ら
わしいナビ
ゲーション

シンプルな
ナビゲーション

コースのローンチと評価

この Chapter で探求するのは……

- ■ 品質チェックの実施方法

- ■ オンデマンド・ラーニングを提供する方法

- ■ カークパトリックの 4 段階評価法

NOTES

CHAPTER 10

——

コースのローンチと評価

コースをスタートする

　さて、長い間この瞬間を待っていました！　数週間——場合によっては数ヶ月——のハードワーク、延々に続くレビューと修正のくり返しを経て、コースを公開し、学習者が利用できるようにする準備が整いました。

　コースを学習者に提供する方法は、組織によって大きく異なります。学習状況を追跡するために、コースを学習管理システム（LMS）上に公開する可能性もあるでしょう。

　ただし、設計・開発プロセスとして、まだやるべきことが数多くあります。コースを公開する前に、品質チェック（加えて、場合によってはユーザーによる受け入れテスト）を実施して、コースの準備が100％できていることを確認する必要があるのです。

　また、コースを公開したら、その効果を評価し、レビューを行い、プロジェクトを総括します。

品質チェックを実施する

　ここまで、あなたはコースの設計・開発、そしてステークホルダー・SME によるレビューに取り組み、学習コンテンツの改良、シナリオの作成、アイデアを視覚的に伝えるための工夫に時間を費やしてきました。ここまでで、学習者がコースを開始する準備はほぼ整いました。

　しかし、本当に公開する準備が整っているでしょうか？　タイプミスや正しく機能しないシステムをコース公開後、学習者が発見する——これは避けたいところです。こうした状況を回避する最善の方法は、品質チェックを徹底的に行うことです。

早い段階から頻繁にチェックする

　品質チェック（QA テスト）は、コースを確認して、公開前に修正する必要のある未解決のエラー、タイプミス、その他の不具合を特定するプロセスです。私は、早い段階から頻繁に QA テストを実施することを推奨していますが、少なくとも開発が完了し、学習者に提供する前の段階で、コースについて検証する必要があるでしょう。

品質チェック（QA テスト）で次の問題を特定する

誤字脱字	「ストーリーボード」の段階で多くの誤字脱字が修正されているはずだが、それでも気づけなかったものを再確認し、修正する。
技術的な不具合	複雑なコースの場合、意図どおりに機能するかどうか確認する。つまり、すべてのボタン、リンク、その他のインタラクションをチェックしていく。
デザイン面のミス	コースのデザインをチェックし、フォントの統一性やオブジェクトが適切に配置されているかどうかなど、すべてのデザインが洗練されて見えることを確認する。

コースを検証するためにどのような工夫ができるか?

■ **いったんコースから離れる**

　作業する頻度が高いほど、エラーが見つかる可能性は低くなります。QA テストの過程で、コースを見るのをやめます。つまり、開発と QA テストの間にできるだけ多くの時間を確保するようにします。

■ **ダブルチェック**

　そのコースを一度も見たことがない人は、コースレビューに最適である場合があります。QA テストの過程で、自分以外の誰か（1人ないしは2人）のチェックを受けましょう。特に、開発に関与していない人を選び、レビューしてもらうことを推奨します。

■ **想定外の操作をする**

　ほとんどのエラーは、学習者が想定外のことを行おうとした時に発見されます。QA テストの過程で、開発側が予期しない操作を行います。たとえば、1 つのアイテムを選択することになっているスライドで、複数のアイテムを選択するとどうなるかを確認してみましょう。

What Do You Think?

他にどのようなチェックが必要だと考えますか?

_____

_____

_____

ユーザーによる受け入れテスト

　前のセクションでは、品質チェックによって、コース内のエラーを特定する方法について説明しました。優れた QA チェックを行うことで、エラーの大部分を特定することができますが、間違いを見つけるのはエンドユーザー（学習者）である場合もあります。

　また、コースを開始する前に、学習者がどのような反応をするかを確認するのは望ましいことではないでしょうか。こうした理由から、私は、学習者、つまり、ユーザーによる受け入れテスト（UAT）の実施を推奨します。

受け入れテストがよってわかること

使いやすさ	コースの同じ場所で立ち往生しているようならば、何かが不具合を起こしていたり、わかりづらいものになっていたりする可能性がある。
コンテンツ・内容	コンテンツ・内容に納得できていない場合、不正確、または無関係なコンテンツ・内容が含まれている可能性がある。
学習者の反応	コースについてどのような反応を示しているかを確認し、学習者に好まれる要素、嫌われる要素を特定する。

What Do You Think?

ユーザーの受け入れテストを実施することで得られる他のメリットは？

_____

_____

_____

ユーザーによる受け入れテストをスムーズに行うヒントは?

■ **多様なユーザーにテストに参加をしてもらう**

　まず、多様なユーザーを集めることから始めます。対象となる学習者と一致する属性からなるテストグループがつくり出せると理想的です。

■ **コースの使い方を説明しない**

　事前にコースの使い方を説明せず、テスト参加者が自分でコースを操作するようにします。これにより、コースのどの部分の操作がスムーズに進みづらいかをすばやく特定できます。

■ **観察し、メモをとる**

　テスト参加者がどこでどのような苦労をしているかを注意深く観察します。ここでの観察をもとに、公開前に調整していきます。

■ **ユーザーに質問をする**

　テスト完了後、直接質問をする機会を設けます。テスト参加者の学習が途中で止まってしまった場合、その理由について調査するのです。どのような学習・操作を積み重ねて途中で止まってしまったのかを明らかにしていきます。また、これは、テスト参加者がコンテンツにどのように反応したかを確認する絶好の機会でもあります。

■ **設計側の事情を正当化しない**

　テスト参加者が何を言おうと、「設計側の事情を正当化したい」という衝動に飲まれないでください。ここでの目的は、テスト参加者の反応をもとにコースを改善することであることを忘れないでください。

■ **受け取ったフィードバックに優先順位をつけて実装する**

　受け入れテストの目的は、コース改善に有益なフィードバックを得ることです。テストが完了したら、フィードバックを整理し、修正すべきものに優先順位をつけていきます。

　なお、ユーザビリティの問題が見つかった場合は、最初にそれを修正します。また、テスト参加者がコンテンツにうまく反応できなかった場合、もしくはコンテンツが学習の役に立たなかった場合は、コンテンツを改善するための具体策を検討・判断していきます。

コースの提供方法を決定する

オンデマンド・ラーニングプロジェクトにおけるもっとも重要な決定事項の 1 つとして、「学習者にコースをどのように提供するか」が挙げられます。ほとんどの「オーサリングツール」には、コースを公開するための複数の選択肢があります。どの選択肢を採用するかは、コースの完了を追跡する必要があるかどうか、組織において使用可能なテクノロジーであるかどうかなどの要素によって異なります。

コースを提供する2つの方法

LMS	学習管理システム（LMS）を介して配信するためにコースを公開すると、コースを学習者に割り当てて、完了率を追跡できる。通常、LMS に公開するということは、コースを SCORM、AICC、xAPI（Tin Can API）標準に公開することを意味する。
Web 経由	Web 経由でコースを公開すると、インターネットにアクセスできるほぼすべての人にコースを配信できる。Web に公開する場合、通常、ユーザーの完了率などを追跡する機能が失われる。一般的に、Web 配信用に公開するということは、コースを HTLM5 標準に公開することを意味する。

What Do You Think?

あなたのデザインしたコースは、学習者にどのように提供されますか?

_____

_____

_____

SCORM、AICC、xAPI、HTML5とは?

「SCORM」「HTML5」のような言葉を聞くと、少し圧倒されるかもしれません。ここで知っておいて欲しいのは、コースの提供に使用されるバックエンドテクノロジーによる違いだけです。

- 「SCORM」「AICC」「xAPI」(Tin Can APIと呼ばれることもある)は、ほとんどの「オーサリングツール」および学習管理システム(LMS)で使用される技術標準のこと。コースを適切な基準で公開することで、LMS上でコースがうまく機能することになる。

- 「HTML5」は、最新のWebサイトのほとんどで使用されているコーディング言語のこと。HTML5より前は、ほとんどのeラーニングはFlashベースのものだったが、2020年12月時点で、AdobeはFlashを廃止し、ほとんどのWebブラウザはFlashベースのコンテンツをサポートしなくなった。

それでもコースの実施方法がわからない場合は?

　ここまで読み進めてもコースを公開して学習者に提供する方法がわからない場合、LMS管理者に相談する必要があります。管理者は、コースを適切に公開し、提供する方法を知っている可能性が高いでしょう。LMS管理者がいない場合は、LMSベンダーに確認することをお勧めします。ベンダーは、コンテンツをLMSに公開するための具体的な手順を提供してくれるでしょう。

コースの有効性を評価する

　単一のオンデマンド・ラーニングであろうと、ブレンディッド・ラーニングの一部であろうと、学習者にトレーニングを提供した後は、学習の効果を評価することが重要です。

- ■　学習者はトレーニングを楽しんでいたか?

- ■　学習者はトレーニングをとおして何か新しいことを得たか?

- ■　学習者はトレーニングをとおして、行動を変えることができたか?

- ■　トレーニングはあなたが目標とした結果を達成できたか?

　これらはすべて、学習機会を提供した後に回答できるようにしたい質問です。そうしないと、「自分の仕事がうまくいっているかどうかわからなくなってしまう」というリスクがあります。自分の仕事がうまくいっているかどうかを確認する際、「カークパトリックの4段階評価法」が役に立ちます。

ドナルド・カークパトリック

トレーニング評価のための4段階モデルによって知られるアメリカの研究者。

ドナルド・カークパトリック

　1954年後半、ドナルド・カークパトリック博士は、管理監督者のためのトレーニングの評価に関する論文で博士号を取得しました。その後、博士の取り組みは、1959年の業界誌における記事によって、より多くの人に広まることになります。その後、1994年に、著作 *Evaluating Training Programs* によって、氏の功績は業界内で不動のものとなりました。

　「カークパトリックの4段階評価法」は、学習者の「反応」から始まり「結果」で終わる、トレーニングプログラム評価の一連の方法として設計されています。

　通常、あるレベルの評価から次のレベルに進むにつれて、評価プロセスはより困難になり、より多くの時間が必要になります。

カークパトリックの4段階評価法

❶

反応

トレーニングを好意的で、魅力的で、
自分の仕事に関連していると感じているか

❷

習得

トレーニングへの参加によって、知識、
スキル、態度、自信を得たか

❸

行動

仕事に戻ったときにトレーニング中に学んだ
ことを行なっているか

❹

結果

トレーニングとサポートをとおして、
目標とする結果が生み出されているか

What Do You Think?

現在、トレーニングの効果をどのように評価していますか?

_____

_____

_____

学習者の「反応」を評価する

　レベル1では、学習者がトレーニングを好意的で、魅力的で、自分の仕事に関連していると感じている度合いを評価します。通常、学習を完了するかどうかが、「反応」のもっとも簡単な評価です。また、学習後にアンケートなどによってフィードバックを得るのが、一般的な評価方法です。

　学習者の「反応」に関するデータからは、コースが実際に効果的であったかどうかについてはあまりわかりません（コースが効果的であるために、楽しいものである必要は必ずしもないのです）。しかし、全体的な学習体験を向上させるために役立つ、重要な情報を手に入れることができるでしょう。

　学習者の「反応」を確認する際は、学習者が有効な時間を過ごせたかどうかを特定できるような指標を用いましょう。

　学習者はコース内で出てきた情報を使用しましたか？　同僚にそのコースを勧めたいと思っていますか？

What Do You Think?

学習者の「反応」をどのように評価し、そのデータをどのように活用しますか?

_____

_____

_____

学習者の「習得」を評価する

　レベル2では、トレーニングへの参加によって、知識、スキル、態度、自信の変化の程度を評価します。これは通常、事前テストと事後テストによって測定することができます。

　「習得」に関するデータによって、学習者がコース完了後、どのような情報を覚えているかを特定することができます。しかし、学習者がコースで教えられたスキルを実際に行なっているかまでは知ることができません。これは、知識と行動は相互に関連はしているものの、理解したからといって実際にできているわけではないからです。

　「習得」に関するデータを収集する際は、より良いコンテンツ設計に役立つものを選びましょう。たとえば、特定の質問を間違えて回答している学習者が多い場合、そのコンテンツのインストラクショナルデザインの改善を検討する必要があるかもしれません。

What Do You Think?

学習者の「習得」をどのように評価し、そのデータをどのように活用しますか?

_____

_____

_____

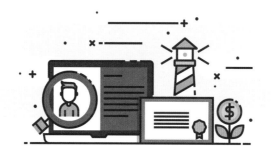

学習者の「行動」を評価する

　レベル 3 では、仕事に戻ったときにトレーニング中に学んだことを行なっているかの程度を評価します。通常は、特定のパフォーマンス指標を用いたり、直接観察したりすることで評価します。

　コースで扱うスキルの種類によっては、「行動」の評価が難しくなる場合があります。

　「パフォーマンスメトリクス」を介して評価する場合も、直接観察する場合も、コースに関連する特定の行動変容を明らかにする必要があります。それを明らかにするためには、たとえば、A ／ B テスト*訳注を実施し、学習者の半分だけコースの最後まで取り組んでもらう方法をとることができるでしょう。この評価は、コースが実際の行動変容にどのような効果をもたらしたかを明らかにするのに役立ちます。

*訳注：「A ／ B テスト」とは、利用者と非利用者を同数設定してテストを実施し、利用者である A 群に効果が見られるかどうかを検証するもの。

What Do You Think?

学習者の「行動」をどのように評価し、そのデータをどのように活用しますか?

_____

_____

_____

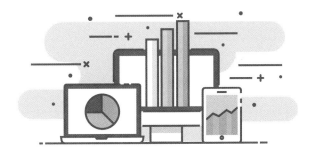

学習者の「結果」を評価する

　レベル4では、トレーニングとサポートをとおして、目標とする結果が生み出されているかの程度を評価します。

　通常、この指標は、コースで扱われる特定のスキルを、ビジネス上の特定の項目と関連づけることによって評価されます。つまり、特定の「パフォーマンスメトリック」の分析によって、明らかになります。

　オンデマンド・ラーニングは組織の業績と直接的な関連性があるものであることが理想的です。そうであるためには、学習・パフォーマンスについて、優れた目標を設定することが大切な要素となります。学習・パフォーマンスについての目標が具体的であるほど、評価しやすくなるのです。

　レベル3と同様に、最大の課題は、コースがパフォーマンス向上と関連しているかどうかを検証することです。これも、A / B テストによって行うことができます。

What Do You Think?

学習者の「結果」をどのように評価し、そのデータをどのように活用しますか?

_____

_____

_____

プロジェクトのレビューを実施する

プロジェクトを終了させ、次のプロジェクトへと進む前に、最後にプロジェクトの成功（および失敗）を振り返ることをお勧めします。

このプロセスを飛ばしてしまうと、経験から学び、改善する絶好の機会を逃してしまいます。改善には、プロジェクトのレビューが役立つ場合があるのです。

「レビュー」「事後分析」「報告」「まとめ」いずれの呼び方をするにしても、プロジェクトの振り返りの目的は単純です。あなた、そしてあなたのチームが、パフォーマンスとプロセスを評価し、将来の改善に役立てていくことです。

プロジェクトをレビューする 3 つの質問

❶

**私たちは
何を達成したか?**

プロジェクトを確認し、レビューを行う。目標、予算、タイムライン、対象者、制約条件など、プロジェクトの最初から最後までを振り返るために、時間を長めにとる。時間的な余裕がある場合は、コースを確認し、最終的な成果物についてのレビューも行う。

❷

**うまくいかなかった
ことは何か?**

「うまくいったこと」と「うまくいかなかったこと」について話し合うのが次のステップ。振り返りの目的は、開発プロセスから学び、改善すること。この振り返りは、プロジェクトや関係者、最終的な成果物について話す機会であることを忘れずに。

❸

次は何をやるか?

最後のステップは、開発プロセスを改善するためのアクションを特定すること。特定した問題の解決策が、常に明確であるとは限らない。ここでの目標は、プロセスに小さな調整や変更を加えて実際に試してみて、次のレビューでそれらを評価することである。

プロジェクトのレビューは誰が行うべきか?

　プロジェクトのレビューの人数は、自由です。プロジェクトに貢献した人に参加してもらうのが良いでしょう。具体的には、ステークホルダー、SME、キックオフミーティングに参加したメンバーが候補として考えられます。

What Do You Think?

プロジェクトの最後にレビューを実施する場合、あなたは誰を招待し、何について話し合いますか?

_____

_____

_____

_____

次のステップへ

オンデマンド・ラーニングの
プロフェッショナルを目指す人へ

優れたオンデマンド・ラーニングを創るために

　この本ではオンデマンド・ラーニングの開発プロセスについて多くのことを説明しましたが、まだまだ学ぶべきことがたくさんあります。

　この本の最後を使って、私が e ラーニングデザイナーとして成長してきた中で役に立った「教訓」を共有したいと思います。このメッセージが私を助けてくれたのと同じくらい、あなたのことも助けてくれるよう願っています。

　まず、これを言わせてください。誰もが、オンデマンド・ラーニングのプロフェッショナルになるために選ばれたわけではありません。

　これは、あなたの落胆させるために言っているわけではありません。必要な努力の量について、正直に伝えるためにこのように申し上げています。

　この仕事の最初の 1 年間、私は本当に苦労しました。私は、必要なスキル・タスクを十分に理解していませんでしたし、それらを大切にしようとも思っていませんでした。

コンフォートゾーンの外に出る

　私が成長し始めたのは、自分をコンフォートゾーンの外に押し出し始めてからです。そうすることによって、私は徐々に成長することができました。

　優れたインストラクショナルデザインの基礎、優れたグラフィックデザインの手法・使用方法など、私は多くのことを学ぶことを余儀なくされました。しかし、こうしたさまざまな努力は、最終的には報われたと実感しています。

　選ばれたからなれる、というわけではなく、優れた知識・技術を得るために必要な実践をくり返すことで、結果として優れたオンデマンド・ラーニングのプロフェッショナルになっていくのです。

あなたの
コンフォートゾーン

あなたの成長が
起きる
場所!

報酬が発生しない場合でもオンデマンド・ラーニングを設計する

　これは、「無料で働く必要がある」という意味ではありません。優れたオンデマンド・ラーニングのプロフェッショナルになるには、技術の練習をする必要があるということです。

　もちろん、職場でオンデマンド・ラーニングプロジェクトに取り組む機会はたくさんありますが、それだけで十分にスキル・才能を伸ばせるわけではありません。

　優れたオンデマンド・ラーニングのプロフェッショナルたちは、仕事以外の場面でも時間を費やしています。「クレイジー」に思えるかもしれませんが、こうした取り組みを重ねることで、新たな方法、新たなコンテンツを作成する機会が得られます。これにより、あなたのスキルを高めることができるのです。また、ポートフォリオを構築する機会にもなるでしょう。

　スキルを向上させるために時間を使うことはできない……そのように感じた場合は、この仕事に情熱を注ぎ続けられるのかどうか、一度考えてみることをお勧めします。

自分の知識・経験を共有する

　私はこの業界で 10 年以上働いています。

　私の成功は、私が作成したコースの数や読んだ本の数によるものではありません。それは、主に同じ仕事に取り組む人たちのコミュニティによる成果だと言えます。

　私は、自分の知識・経験を惜しみなく共有してくれる親切な人々から、直接的に恩恵を受けてきました。そして、私自身も、何年にもわたって彼らが私にしてくれたことと同じことをしようと、最善を尽くしてきました。私が知っていること、経験したことを、あなた、そして他のコミュニティの人々と共有しようと考えたのです。

　私の知識・経験が他の人を助け、刺激を与えるたびに、私も多くのものを得てきました。具体的には、ブログを作成したり、カンファレンスで話したり、そしてこの本を書く時にも、こうした経験は役に立っています。さらには、素晴らしい仕事や新しいクライアント、新しい友人たちと私自身を結びつけてくれたのです。

2016 年にアシュリー・チアソンと一緒に、ネバダ州ラスベガスで開催された DevLearn Conference & Expo に参加した時の様子。

2017 年にフロリダ州
オーランドで開催された
LearningSolutions
Conference & Expo
でプレゼンテーションを
行なった時の様子。

自分自身の経験の「専門家」になろう

　知識をすべて共有することにはメリットがありますが、必ずしも簡単なことではありません。それ
は実に怖いことです。

　私がこの仕事を始めた最初の頃、自分の知識を他の人と共有するチャンスがあるとは、まったく
思っていませんでした。e ラーニングに関する「ブログ」を始めた頃にはまるで想像していなかった、
カンファレンスでの講演について紹介したいと思います。

　勇気を奮い立たせて、2014 年 3 月に開催されたカンファレンスではじめて話をすることになっ
た時、私の中で何かが大きく変化しました。その後、2017 年に私は、Learning Solutions
Conference & Expo で、「最初の 1 年間に学んだ 10 のこと」について話す機会を得ました。
終了後、「自分のプレゼンテーションはひどいものだ」と感じました。しかし、多くの人が、私が
自分自身の経験を分かち合ってくれたことに感謝を伝えようと、私のことを待っていてくれたので
す。

　そのとき、私は、オンデマンド・ラーニングのプロフェッショナルとして、自分自身の経験の「専
門家」であることの重要性に気づきました。

自分の経験に自信をもとう

　本書の"はじめに"で、私は、自分自身のキャリアのスタートを、「たまたま職場で e ラーニングを制作していた人」だと自己紹介しました。しかし、現実の世界では、なかなかその話ができませんでした。私は、そのことを隠していたのです。

　私は e ラーニングデザイナーになりたいと思ったり、インストラクショナルデザインに関する学位を取得するために大学に行こうと思ったりしていたわけではないので、自分自身の経歴について、他人に話しづらいと感じていたのです。

　あなたがこの分野を学ぶために学校に行ったのではないのだとしたら、もしかしたら私と同じように感じているかもしれません。でも、大丈夫です。

　あなたがこれからプロフェッショナルとして仕事をしていく、生きた証拠が私なのです。

感想を聞かせてください

本書はあなたの参考になったでしょうか?

私にとって、この本は個人的な旅であると同時に、私の仕事のリストを整理した大きな成果です。私は、本書の著者であるとともに、編集者、デザイナー、マーケティング担当者などの役割も務めてきました。

本書の感想を、ぜひお聞かせください。

謝辞

　私のキャリアの各段階で私を助けてくれた人々、そして、この本を実現するためサポートしてくださった人々に感謝します。

　ブランドン、私たちが過ごす夜と週末の多くを犠牲にして、この本を書くための時間とスペースを私に与えてくれてありがとう。

　ジェシカとスー、私のキャリアの早い段階で私にチャンスを与えてくれてありがとう。私のキャリアの軌道を根本的に変えたのは、あなたたちの「私を選ぶ」という決断でした。

　ダイアン、本を出版するために知る必要があることを教えてくれてありがとう。

　そしてここに挙げた以外の多くの方々にも感謝しています。

第 2 版の刊行にあたって

本書をお読みいただき、ありがとうございます。

私が執筆した時と同じくらい、楽しく読んでいただけたでしょうか。

この本は数年前に作成されましたが、第 2 版がようやく完成し、お楽しみいただけるようになりました。

あなたのサポートや指導を必要としている人は、常に存在しています。しかし、新しい e ラーニングデザイナーたちがあなたを必要としていたとしても、それになかなか気づけないものです。

私がこの本でやろうとしたように、あなた自身の経験を、ぜひ他の人と共有することをお勧めします。それが、本書で学んだこと、そしてあなた自身の経験を振り返ることにもなるのです。

日本のみなさんへ

eラーニングを作成するのが簡単ではなかった時代がありました。

eラーニングのコースを開発したい場合は、複雑なソフトウェアの使用方法を知っている人たちに高価な報酬を支払って依頼する必要があったのです。

私たち全員にとって幸運なことに、それは過去のものとなりました。

今では、PowerPoint の使用方法を知っていれば、オンデマンド・ラーニングコースの設計と開発に必要なスキルをすでに身につけていると言えます。

ですから、あなたには「自分はオンデマンド・ラーニングを設計し、制作することができる」という認識をつかんでもらいたいのです。

オンデマンド・ラーニングに取り組むには、生のコンテンツを魅力的な学習体験に変えるための適切なスキルとノウハウが必要です。

そしてそのことが、私がこの本を書こうと決めた理由です。

ティム・スレイド

訳者あとがき

　2015年のことです。

　私は資格を取得しようと考え、ある海外のオンデマンド・ラーニングの講座を申し込みました。英語でディスカッションをする自信がなかったことが選択の理由です。「対面の集合型の講座は無理だけど、オンデマンドならなんとかなるかも……」というネガティブな気持ちが私にはありました。

　とはいえ、オンデマンドだからといっても英語で提供される講座に不安を抱いていたのも事実です。

　しかし「英語のスピーチを聞いて眠くならないだろうか」という思いは杞憂に終わりました。「おもしろい!」と感じながら最初から最後まで取り組むことができたのです。

　長時間スピーチを聞くという構成ではなく、学び、考え、クリックし、先に進むという構成でした。自分がわからないところでは時間をかけて、自分がわかっているところはスピーディに、とマイペースに進めることができました。

　この書籍で紹介されているインタラクションが多く取り入れられており（Chapter 8参照）、「クリックして表示するスライド」や「意思決定ベースのスライド」も含まれた構成は、とても効果的なものでした。自分の知識があやふやなものなのか、それとも確実なものなのかを把握しながら取り組むこともできました。

　「つまらない」というイメージが払拭され、おもしろく、効果的なコンテンツが存在すると知った衝撃は大きく、また、旅費もかからず、時差に苦しむこともないという現実に、「なんてお得なんだ!」と感じたことは今でも忘れられない記憶です。

「気がついたら寝てしまっていた」
「見たけど、時間もかかったけど、あまり内容を覚えていない」

　そんなeラーニングの学習経験をおもちの方は多いかもしれません。また、残念ながら、「eラーニング＝役に立たない」というイメージが浮かぶという方も少なくないような気がします。しかし、そうしたイメージは、受動的に見るだけ、聞くだけのコンテンツによって植えつけられたものだったのではないでしょうか。

　この書籍を読み終えたみなさんは、そのイメージがオンデマンド・ラーニングの一部分に過ぎないとに気づき、目的に応じたコンテンツデザインに取り組んでみようと考えていらっしゃるのではないかと思います。

　また、この書籍でティムが伝えているように、そもそも、オンデマンドでのコンテンツ提供には

いくつかのメリットがあります（33ページ）。そのメリットを活かした取り組みを行うことは、対象者や組織に多くの効果をもたらすのではないかと思います。

　コンテンツ制作の取り組みを始めるために、オーサリングツールを試してみようと考えている方もいらっしゃるのではないでしょうか（すでにお試しになりましたか?）。
　オーサリングツールを使っている人の数は日本ではまだ少数ですが、各社無料での利用期間を設定していますので、ぜひ試してみると良いでしょう。操作自体はプレゼンテーションソフトと似ているところもあり、感覚的に使えるように設計されていることに加えて、各社、操作説明をコンテンツとしてまとめ、サイトで公開しています。ぜひ、チェックしてみてください。

　さて、現実的な話も書いておきましょう。
　現在の日本では「専門家が話している動画で学習する」というeラーニングに対する固定概念を崩すのは簡単なことではありません。「つくろうとするコンテンツを周囲の人がイメージできない」といった理由で、読者のみなさまが苦労することもあるかと思います。
　「見本をつくってコンテンツの種類に対する理解を促すこと」「オンデマンド・ラーニングの効能についての意識を醸成すること」など、コンテンツ制作をスタートする前に必要な取り組みもあります。ぜひ必要なことにあきらめずに取り組み、効果的な学習の実現に向けて歩み続けていただければと思います。

　2021年のティムはとても忙しい日々を送っています。ATDのTechカンファレンスではオーガナイザーを務め、冒頭のウェルカムセッションの司会も担当しました。そして、彼自身がすべて制作した3つのコースをリリースしました（現在、私も受講しています）。
　現在、彼が精力的に取り組んでいるのは、オンデマンド・ラーニングに携わる人材の育成、そしてその人たちへの支援です。SNSでは日々情報発信を行っています。その日々の中で、日本での出版を快諾してくださったこと、本書の翻訳に関する相談にも対応いただいたことにとても感謝しています。

　また、『オンライン研修アクティビティ』の翻訳、出版に続き、本書は柏原里美さんのご尽力により、みなさまのお手元に届けることができました。「この本を必要とする人がいると思う」という突然の連絡に対し、内容をくみとっていただき、またデザイナー志望の人だけではなく、多くのオンデマンド・ラーニングに携わる方に届けようと判断してくださったこと、すべての言葉を丁寧に読み、編集してくださったことに厚くお礼を申し上げます。
　そして、日本語版の表紙を担当してくださった玉村幸子さん。イラストから楽しい学びのイメージが伝わります。そして、制作サイドが学ぶ人を常に想起し、その存在を忘れずにコースをつくっ

ていくことの大切さを感じる表紙です。制作する人と学ぶ人を描いてくださったこと、本当にありがとうございました。

　翻訳というお仕事に取り組めるまで伴走してくださった英語パーソナルトレーナーの富岡恵さん、オンラインとオンデマンドへの取り組みをサポートしてくれた家族、いつも応援してくれたことに、とても励まされました。

　最後になりますが、この本を手に取ってくださってありがとうございます。

　みなさまの今後のコンテンツ制作がよりスムーズになり、効果的、効率的、そして魅力的なコンテンツが学習者、利用者のみなさまに届きますように。

2021 年6月 足立美穂

—

シーン別 本書の活用法

　この資料は、本編を読み「基本的な知識は理解できたが、まず何からやればいいのかわからない」と悩む方を対象に、何からどう取り組めば良いかについてヒントをまとめたものです。

　さまざまなスタートライン、取り組み方が存在しているという現実があります。そのため、「ここで説明されているとおりに進めないと間違いである」ということではありません。

　また、状況によっては、別のプロセスが最適になる場合もあります。
　本文中にて書かれていたように、ステークホルダーやSMEと相談し、プロセスを検討してください。

　そして、オンデマンド・ラーニングの構築では、「分析→設計→開発」のプロセスを何度かくり返すことによって、コースのローンチという段階にたどり着くことができます。ですから、「修正が必要」「やり直しが必要」となっても、落ち込む必要はありません。
　逆に、それを見越した計画が必要だとも言えます。

　また、スタートする前に悩みすぎないことも重要だと言えます。
　「わからないから、やりたくない（やらない）」という気持ちになった時にも、ぜひ以下の資料をご活用ください。

【講師・教員対象】
1. 研修・授業の事前教材としてオンデマンド・ラーニングを活用したい

●研修・授業のカリキュラムを見直し、事前教材の内容を確定し、仕様を決定する
　　（どんなタイプ？　📖 32 ページ　・　どんなスライド？　📖 151 ページ）

●アップロード先（LMS またはサーバー等）を確認（または選定）する
　　（プラットフォームの規格や仕様を確認し、特徴を把握する　📖 218 ページ）

●コース概要（アウトライン）を作成する　　📖 138 ページ

●ストーリボードを作成する　　📖 140 ページ

●コンテンツ制作を自分で行うか、発注（依頼）するかを決定する

【コンテンツ制作を自分で行う場合】

●利用するツールを決定する
　　（オーサリングツール　📖 164 ページ）

●必要な素材を収集する
　　（アプリケーション　📖 166 ページ）

●制作

【コンテンツ制作を発注（依頼）する場合】

●発注先を選定する

●ミーティングを実施する
　・ストーリーボードの説明と修正を行う
　・プロトタイプの作成を依頼する
　　📖 167 ページ

●プロトタイプを確認する　→　制作

●コンテンツを確認する

適宜アップロード&テスト→ローンチ

2. 研修・授業の一部をオンデマンド・ラーニングに置き換えたい

● **研修・授業のカリキュラムを見直し、デザインを検討する**　　📖 103 ページ
- 目的を明確にする　📖 116 ページ
- ブレンディッド・ラーニングとして全体を検討する　📖 122 ページ
- 設計ドキュメントを作成する　📖 124 ページ
- オンデマンドラーニングが適しているかどうかを判断（確認）する

● **アップロード先（LMS またはサーバー等）を確認（または選定）する**
（プラットフォームの規格や仕様を確認し、特徴を把握する　📖 218 ページ）

● **コース概要（アウトライン）を作成する**　　📖 138 ページ
● **ストーリボードを作成する**　　📖 140 ページ

● **コンテンツ制作を依頼するか、自分で制作するかを決定する**

その後、246 ページのグレーゾーンのプロセスを進める

　同期で実施する研修・授業の一部分をオンデマンド・ラーニングとする場合は、通信システム（ウェビナー、ミーティング等を実施するオンラインプラットフォーム[注]）での動作確認を行いましょう。

注）
　ZOOM や Microsoft Teams、Cisco Webex、Adobe Connect などさまざまな通信システムがあり、その通信システムごとに利用条件や状態が異なります。またアップデートにより、変更も生じます。必ず利用する予定のコンテンツのサンプルを通信システムにつないだ状態で試しましょう。コンテンツを再生できるのかどうか、利用できない場合はどのような手段で利用してもらうのかについて、検討が必要です。
　手段の一例としては動画再生プラットフォームやドライブ、クラウドに保存し、リンクを発行してブラウザから利用してもらう方法があります。他には LMS にアップロードし、LMS 上で利用してもらうことも選択肢の 1 つです。
　学習者の通信環境も考慮したうえで、検討しましょう。

3. オンデマンド・ラーニングへの協力を求められた

●制作者からの依頼に対し、進行状況を確認する
制作の途中のある段階から、SEM として参加を求められる場合もあります。
状況をつかんで、コンテンツの質を高めることに協力しましょう。

→何もできあがっていない
- キックオフミーティングへの参加　　📖 66 ページ
- 制作者からのヒアリングに応える
- 学習者に到達して欲しい状態、日常で感じる問題点などを伝える

→プロジェクト計画ができあがっている　　📖 81 ページ
- 計画を確認し、フィードバックを伝える

→プロジェクトタイムラインができあがっている　　📖 91 ページ
- 自分のスケジュールを制作者と確認しておく

→設計ドキュメントができあがっている　　📖 125 ページ
- 制作者からフィードバックを求められたら応える

→ストーリーボードができあがっている　　📖 146 ページ
- フィードバックを伝える（重要）
  ストーリーボードはコンテンツの最終形をイメージしやすいものです。
  制作者側もやりなおしにとりかかることのできるタイミングです。
  違和感や修正点などは、このタイミングで伝えましょう。

→プロトタイプができあがっている　　📖 169 ページ
- フィードバックを伝える
  プロトタイプに関しては、意見を求められないことも多いのですが、ストーリーボードまでのプロセスで「ぜひ確認したい」と思った場合は、連絡をもらえるように伝えておきましょう。

→コースがほぼできあがっている　　📖 228 ページ
- テスト利用を行い、フィードバックする
- 必要に応じて、自分以外のテストメンバーを推薦する

●完成後も気づいた点があれば、制作者や管理者に連絡する

---

4. 組織のオンデマンド・ラーニングを構築することになった

●現在のeラーニングについて分析する
- 利用対象者の属性と特徴
- コンテンツの種類と内容
- 現在のeラーニングの利用度、アンケート結果等
- 現在のeラーニングの満足度
- 現在のeラーニングの課題

※現在eラーニングを
利用していない場合は
次の項目よりスタート
↓

●今後のオンデマンド・ラーニングについて検討する
- 今後の想定される利用対象者の変化
- 提供するコンテンツの想定
- 関係者とのミーティング、ヒアリングによる情報収集
- 構築するオンデマンド・ラーニングについて基準を明らかにする
- 予算の確保、リリース時期の設定
- 情報収集（LMS、コンテンツ販売、コンテンツ制作会社、オーサリングツール）

●プロジェクト計画を作成する　　　　📖 80 ページ
●キックオフミーティングを実施する　📖 66 ページ
- ミーティングの内容を反映し、プロジェクト計画を調整、修正する

●プロジェクトタイムラインを作成（作成を依頼する）　📖 78 ページ　→　関係者に共有

●設計ドキュメントの作成　　📖 124 ページ
●コース概要の作成　　　　　📖 138 ページ
●ストーリーボードの制作　　📖 140 ページ
●プロトタイプの制作　　　　📖 167 ページ
●コンテンツの制作　　　　　📖 177 ページ

適宜アップロード&テスト→ローンチ

---

5. 担当者になったが、LMS について混乱することが多い

　LMS（ラーニング・マネジメント・システム、学習管理システム　📖 218 ページ）のイメージがなかなかつかめない場合には、まず、図書館をイメージしてみましょう。図書館には膨大な書籍があり、利用することができます。しかし利用には手続きが必要です。図書館を利用すると利用の履歴が残ります。この図書館のイメージを、頻出単語の LMS（ラーニング・マネジメント・システム）に重ねてください。

　図書館の利用人数が増えると、それだけ設備にも投資が必要となります。

　図書館の蔵書冊数が増えると、本棚やメンテナンスが必要となります。

　利用者の記録を細かく残そうとすると、そのためのシステムが必要となります。

　また、図書館の外観や内装をこだわったものにしようとすれば、工事が必要です。

　LMS も同じです。利用人数、アップロードするコンテンツのデータ量、学習者の記録を緻密に保存する機能、そしてログイン画面や利用する画面のカスタマイズなどで、導入までの期間や必要となるコストが変わってきます。

　実際に LMS を探し、選ぼうとすると、サポートが充実した LMS、多機能の LMS、多言語対応の LMS など、さまざまな特色に混乱することもあるかもしれません。

　近年では、TMS（タレント・マネジメント・システム：従業員の人事データ管理システム）、LXP（ラーニング・エクスペリエンス・プラットフォーム：学習者のニーズを AI などテクノロジーで分析し情報提供する機能まで含まれたプラットフォーム）など、オンデマンド・ラーニングのコンテンツをアップロードできるプラットフォームの種類が増えています。LMS と、TMS や LXP と LMS が連携している場合もあり、境界線が曖昧になっているようにも感じます。

　変化が続いてはいますが、学習をスムーズにするためのしくみであることは変わりません。

　譲れない、妥協できない基準を明確にすることが、とても重要です。そして、インターネットで「ラーニング・マネジメント・システム」や「e ラーニング」と検索し、申し込みを行うと、デモ画面やユーザー体験を利用することも可能です。数ヶ月間の無料体験を提供しているサービスもあります。学習者側の観点も、管理者側のポイントも体感しやすくなりますので、可能であれば、ぜひ試してみてください（コンテンツのアップロードができない、完成形のライブラリーとして構築されたサービスを LMS と表現している場合もあるので、ご注意ください）。

　LMS のイメージをつかめた方は、再度、本書の内容に戻ることをお勧めします。より全体像をつかみやすくなるでしょう。

著者

Tim Slade（ティム・スレイド）

プレゼンター、そして受賞歴のあるeラーニングデザイナー。

10年以上、eラーニングとビジュアルコミュニケーションのコンテンツ向上に取り組んできた。創造的で革新的なデザインの美しさを評価され、何度も賞を受賞している。国際eラーニングカンファレンスでは定期的にプレゼンターとして登壇。LinkedIn Learningのインストラクター、eラーニングデザイナーアカデミーの創設者として活躍している。ATDにおいて、「オンデマンド（非同期）型・ラーニング・コンテンツ」のスペシャリストとして認知されている。

　　ツイッター　https://twitter.com/sladetim
　　ホームページ　http://timslade.com

訳者

足立 美穂

　　APTD（Associate Professional in Talent Development）
　　Adobe Captivate Specialist
　　国家資格キャリアコンサルタント　金沢大学教育学部卒業　兵庫県在住

2001年より企業研修講師、キャリアコンサルタントとして活動。2019年よりオンラインラーニングに活動の領域を転換する。現在はオンラインラーニング全般のコンサルティング、バーチャルトレーニング（オンライン研修）プロデュース、オンデマンド・ラーニング・コース（コンテンツ）制作支援、海外制作コンテンツのローカライズに携わっている。

訳書に、『オンライン研修アクティビティ』（日本能率協会マネジメントセンター）。

　　LinkedIn プロフィール　https://www.linkedin.com/in/miho-adachi-20190522/
　　合同会社エムプラスラボ　ホームページ　https://www.mplus-lab.com/

オンデマンド・ラーニング

2021年6月30日　　　初版第1刷発行

著　　者——ティム・スレイド
訳　　者——足立 美穂 ©2021 Miho Adachi
発 行 者——張 士洛
発 行 所——日本能率協会マネジメントセンター
〒103-6009　東京都中央区日本橋 2-7-1 東京日本橋タワー
TEL　03(6362)4339(編集)　／03(6362)4558(販売)
FAX　03(3272)8128(編集)　／03(3272)8127(販売)
https://www.jmam.co.jp/

装　　丁————————玉村 幸子
Ｄ Ｔ Ｐ————————株式会社明昌堂
印 刷 所————————シナノ書籍印刷株式会社
製 本 所————————東京美術紙工協業組合

ISBN 978-4-8207-2922-8　C2034
落丁・乱丁はおとりかえします。
PRINTED IN JAPAN

オンライン研修アクティビティ

エンゲージメントが飛躍的に高まる学習テクニック

ベッキー・パイク・プルース著、中村文子監訳、足立美穂訳
A5判、312頁

参加者が主体的に学び出す「アクティビティ」のアイデアとデリバリー・ファシリテーションのコツを紹介。オンライン学習の効果を飛躍的に高めるためのテクニックを網羅した1冊。

日本能率協会マネジメントセンター

JMAM の本

オンライン研修ハンドブック

退屈な研修が「実践的な学び」に変わる学習設計

中村文子、ボブ・パイク著
A5判、360頁

世界30カ国12万人が学んだ「参加者主体の研修」をオンラインで行うために必要なインストラクショナルデザイン、ファシリテーション、運営・デリバリーのポイントを網羅。オンライン学習の新常識。

日本能率協会マネジメントセンター

研修デザインハンドブック

学習効果を飛躍的に高める
インストラクショナルデザイン入門

中村文子、ボブ・パイク著
A5判、344頁

「そもそも研修が問題を解決するのか？」を入り口として、効果的な研修
（学習コンテンツ、学習環境含む）をデザインするための理論と実践法を解
説。今すぐ使えるワークシート付き。

日本能率協会マネジメントセンター